Liebe Leserinnen, liebe Leser!

*Die Autorin **Hilke Maunder** ist in Hamburg zuhause – und stolz auf ihren friesischen Vornamen, den sie im Altfriesischen Haus von Keitum auf der Rückenlehne eines Stuhls entdeckte.*

*Die Fotografin **Sabine Lubenow** aus Düsseldorf, bereits mehrfach für den DuMont Bildatlas unterwegs, kennt und liebt die nordfriesische Landschaft seit langem.*

Schon die Anfahrt zu den Inseln übers Wattenmeer empfinde ich als Hochgenuss, ein Gefühl von Freiheit macht sich bemerkbar, vom salzigen Seewind wie weggepustet, bleibt die hektische Betriebsamkeit des Alltags zurück. An ihre Stelle tritt eine das Auge beruhigende Landschaft mit weißen Stränden, weiten Heidelandschaften und Wäldchen.

Jede Insel ist anders

Jede der Nordfriesischen Inseln ist schön, hat aber auch ihre Eigenheiten und dementsprechend eine unterschiedliche Besucherklientel. Vor allem Familien zieht es nach Föhr, auf Amrum fühlen sich Individualisten wirklich wohl, und Sylt bietet eigentlich für jeden etwas. Eine einzigartige stille Natur in List, in Kampen und Keitum dagegen will man sehen und gesehen werden. Ich mag übrigens Sylt im Winter ganz besonders, ich erinnere mich an strahlend helle Februartage, an von Rauhreif überzogene Dünen und einsame Sandstrände im Winterlicht. Im Februar hat man Sylt fast für sich allein. Nur wer wirklich Ruhe und Abgeschiedenheit sucht, wird Nordstrand oder Pellworm als Urlaubsziel wählen, und auf den Halligen muss einfach jeder mal gewesen sein, sind sie doch ein weltweit einzigartiges Phänomen.

Eine Landschaft von besonderem Reiz

Den Text für diesen Band schrieb Hilke Maunder, sie startet von Hamburg aus ganz regelmäßig zu Kurzurlauben nach Sylt oder auf eine der anderen Inseln. Die Fotografin Sabine Lubenow besitzt ein Feriendomizil in der Nähe von Husum, wo sie viele Wochen des Jahres verbringt. Den Auftrag Sylt, Amrum und Föhr fotografisch festzuhalten, hat sie daher gern angenommen. Dass die nordfriesische Landschaft sie begeistert, zeigen ihre Bilder, sie sind außergewöhnlich stimmungsvoll, präsentieren bedrohliche Wolkenformationen und immer wieder strahlend helle Landschaftsmotive. Aber schauen Sie selbst …
Herzlich

Ihre

Birgit Borowski
Programmleiterin DuMont Bildatlas

34 Zu den gern gepflegten Traditionen gehört in Nordfriesland das Ringreiten, bei dem die modernen Ritter Treffsicherheit demonstrieren können.

86 Einst waren auf Nordstrand deichbauerfahrene Holländer die Rettung im Kampf mit dem „Blanken Hans". Ihre Kirche erinnert daran.

40 Ohne das geflochtene Strandmöbel ist ein Urlaub am Meer für die meisten Feriengäste kaum vorstellbar – und das nicht nur in Hörnum auf Sylt.

Impressionen

Sylt · Norden

Sylt · Süden

UNSERE FAVORITEN

BEST OF …

94 Speziell auf Sylt herrscht in kulinarischer Hinsicht Weltoffenheit. Doch sollte man die regionalen Köstlichkeiten nicht links liegen lassen – beim Salzwiesenlamm wäre das sträflich.

DuMont Aktiv

Genießen   Erleben   Erfahren

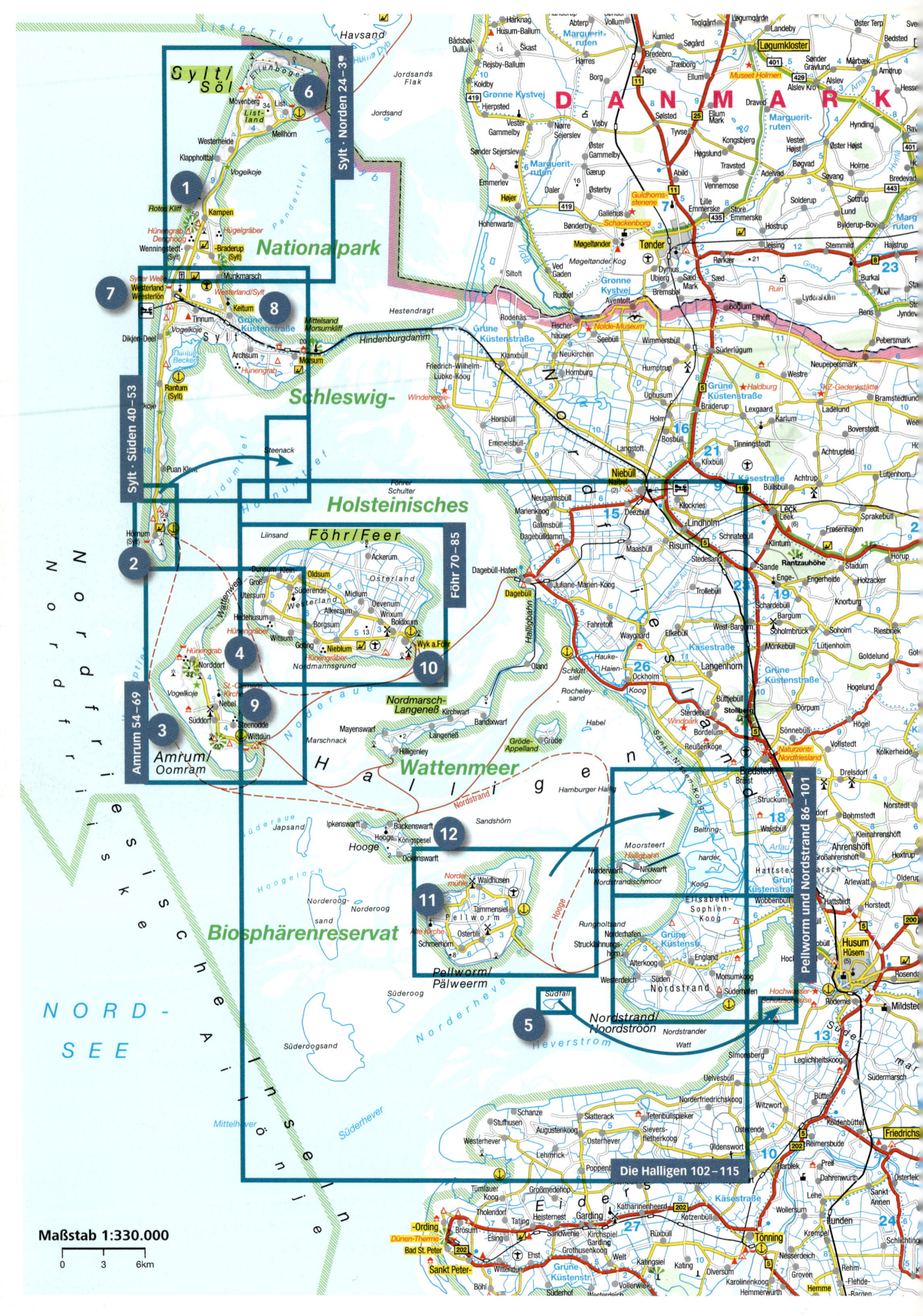

Topziele

Die bedeutendsten Sehenswürdigkeiten und Ereignisse, die keinesfalls versäumt werden sollten, haben wir auf dieser Seite zusammengestellt. Auf den Infoseiten sind sie jeweils als TOPZIEL *gekennzeichnet.*

Strandleben für jedermann

Segeln, schwimmen oder surfen, am Strand
wandern oder einfach nur faulenzen im Strandkorb: Jede der 15 nordfriesischen Urlaubsinseln
bietet ihren Gästen vielerlei Möglichkeiten.
Für Abwechslung sorgen Dorf- und Hafenfeste,
Musik- und Literaturfestivals, Gaumen verwöh-
nende Muschel- und Lammtage (Foto: Strand von
Wyk auf Föhr).

Die Friesen und das Meer

Trotzig sind sie, die Friesen in ihrem Kampf gegen Wind und Wellen. Die Elemente nagen an den Inseln, rauben ihnen Land, um es ihnen an anderer Stelle wieder zu schenken. Und die Menschen? Sie mühen sich unverdrossen, dem entgegenzuwirken. Deiche und Siele, Sandbänke und Schöpfwerke schützen die Küsten und bewahren Lebensräume, die oft bis unmittelbar ans Meer heranreichen (im Foto: Reetdachhaus in Keitum auf Sylt).

Inseln unter hohem Himmel

....

Vor der Westküste Schleswig-Holsteins liegen
die 15 Nordfriesischen Inseln – schick und groß
wie Sylt (Foto) oder ursprünglich und winzig
wie Gröde-Appelland, die kleinste der Halligen.
Urwüchsige Dünen, majestätische Kliffs und
feinsandige Strände säumen die Inselküsten,
schmucke Reetdachdörfer mit romantischen
Bauerngärten, blühende Heiden und fruchtbares
Marschland bestimmen das Innere. Doch bei
allen Gemeinsamkeiten ist jede Insel einzigartig – so kann jeder sein ganz persönliches Lieb-
lingseiland entdecken!

Sonne, Wind und Meer

....

Seeluft macht bekannterweise hungrig, und deshalb ist Gastlichkeit an der Küste stark vertreten.
Mit Leichtigkeit sind auch die ausgefallensten
kulinarischen Wünsche zu erfüllen – speziell auf
Sylt (Foto: Gosch am Kliff, Wenningstedt-Braderup). Doch den meisten Besuchern steht der Sinn
eher nach einer kleinen Deftigkeit, begleitet von
einem kühlen Bier oder Weißwein, während die
Sonne im Meer versinkt.

Wunderwelt der Halligen

....

Sie sind weltweit einzigartig. Ungeschützt vor
der See liegen sie mitten im Nationalpark Schleswig-Holsteinisches Wattenmeer. Im Winter heißt
es oft „Landunter", im Frühjahr nisten Tausende
Ringelgänse auf den Salzwiesen. Später verwan-
deln Strandnelken und Stechginster die Halligen
in ein Blütenmeer, heiter wie der nordfriesische
Sommer (Foto: Hallig Hooge).

Altes Brauchtum quicklebendig

Biikebrennen statt Osterfeuer, Söl'ring statt
Hochdeutsch, Ringreiten, Rummelpott und
Trachtentanz (Foto: Amrumer Trachtengruppe
vor dem Öömrang Hüs): Ob Jung oder Alt, bei
den Bewohnern der Nordfriesischen Inseln steht
das überlieferte Brauchtum unverändert hoch im
Kurs. Traditionen werden hier nicht inszeniert,
sondern gelebt. Und Gäste sind dabei stets willkommen!

Vielgestaltige Zauberwelt

Mal stürmisch und wild, dann wieder sanft und spiegelglatt bis zum Horizont, still und weit unter einem Himmel voll überraschender Lichteffekte. Zur Nordsee offen oder im Windschatten der Inseln als Wattenmeer – die See ist ein Lebensraum der Extreme. Alle sechs Stunden wechseln Ebbe und Flut einander ab, verändern Sand und Schlick ihre Gestalt. Wer hier überleben will, muss anpassungsfähig sein. Der nordfriesische Küstenraum gehört zu den wichtigen Kinderstuben der Nordsee, gilt als weltweit einmalig – was der UNESCO das Prädikat Weltnaturerbestätte wert ist (Foto: bei List auf Sylt).

Die schönsten Outdoor-Aktivitäten

Flora und Fauna Nordfrieslands hautnah

Seit 2005 hat die UNESCO das Wattenmeer im Rahmen eines Biosphärenreservats unter besonderen Schutz gestellt, seit 2009 ist es Weltnaturerbe. Die enorme Vielfalt der hiesigen Tier- und Pflanzenwelt erfährt man am besten unmittelbar auf einer Wanderung, an Bord eines Ausflugsschiffes oder einer Kutsche – oder gar auf einem Surfbrett.

1 Zu Fuß durch die Braderuper Heide

Zwischen Kampen und Braderup versteckt sich im Osten von Sylt das 137 ha große Naturidyll Braderuper Heide. Ab Ende April blüht die Krähenbeere, ab Juli die Glockenheide und ab Ende August die Besenheide. Weite Ausblicke in die sanft gewellte Landschaft und über das Wattenmeer bis zum Festland gibt es das ganze Jahr über. Von Mai bis September starten Di. und Do. um 11.00 Uhr am Naturzentrum Braderup geführte Wanderungen in den einzigartigen Lebensraum.

M.T.-Buchholz-Stig 3
Wenningstedt-Braderup
Tel. 04651 4 44 21
www.naturschutz-sylt.de

2 SUP zum Sonnenaufgang

Auf Hawaii wurde es erfunden, auf Amrum ist es Kult: SUP, wie Stand Up Paddling dort trendy genannt wird. Wie man auf langen Boards stehend mit Stechpaddeln schon bald flott durch die Fluten gleitet, zeigt dort Leif Lückel. Ab Wittdün bricht er auch zu Touren auf. Und das bereits vor Morgengrauen! Bei der Sonnenaufgangstour blickt man beim Paddeln in einen roten Feuerball. Nach einer Stärkung in Steenodde mit Kaffee, Croissant und Obst geht es zurück nach Wittdün.

Leif Lückel, Tidenweg 7
25946 Wittdün
Tel. 0171 3 17 76 93
www.sup-amrum.de
Kurs 50 €, Touren ab 40 €

3 Geologische Wanderung um die Hörnumer Odde

Nirgendwo nagt die See so stark an Sylt wie an der Hörnumer Odde, lässt die Erosion trotz Sandvorspülungen Sylt schrumpfen. Warum die Küste abbricht, wohin die Sedimente wandern und wie der Klimawandel Sylt verändert, verrät der Diplomgeologe Dr. Ekkehard Klatt auf einer zweistündigen Wanderung, bei der Wasser und Sand die Füße umspülen und die stete Brise jeden Stress einfach wegbläst.

Dr. Ekkehard Klatt
Postfach 1446, 25966 Sylt
Tel. 04651 83 55 31
http://geotourssylt.de

4 Wattwandern für alle

Auch Menschen mit Handicap können das Watt hautnah erleben! Möglich macht das die erste Watt-Rollstuhl-Station mit fünf Rollstühlen, die als Gemeinschaftsprojekt des Nationalparkamts in Tönning, der Kurverwaltung der Insel Nordstrand und der Wattführerin Christine Dethleffsen bei Fuhlehörn eingerichtet wurde. Von Beruf Physiotherapeutin und als Nationalpark-Führerin zertifiziert, begleitet auf Wunsch Christine Dethleffsen Menschen mit Behinderung auch auf Ausflügen ins Watt.

Wattwanderungen
Christine Dethleffsen
Westerstr. 32
25821 Bredstedt
Tel. 04671 66 14
www.watt-wandern.de

5 Schatzsuche per GPS

Schnitzeljagd ganz modern: Beim Geocaching wird GPS-geführt nach versteckten Dosen gesucht, die mithilfe geografischer Koordinaten gefunden werden können. In den Dosen stecken neben dem obligatorischen Logbuch, in das sich jeder Finder einträgt, meistens auch noch kleine Überraschungen. Auf Föhr gibt es gut 50 Caches unterschiedlicher Schwierigkeitsgrade, die per Rad, zu Fuß oder auch auf In-line-Skates gefunden werden können. Wo sie sich befinden, verrät www.geocaching.com.

6 Klima-Walking

Schlick und Reizklima wirken sich positiv auf die Gesundheit aus. Besonders intensiv erlebt man dies beim Klima-Walking an der Brandungszone. Dass es sich dabei nicht einfach nur um einen flotten Spaziergang handelt, verrät auf Sylt Birgit Ifland: „Beim Klima-Walking kann man die gesunde Seeluft genießen, den Kreislauf in Schwung bringen, neue Leute kennenlernen und auch noch etwas über die Insel erfahren", erklärt die Trainerin des ISTS Insel Sylt Tourismus-Service.

Do. 9.00 Uhr, 90 Minuten 18 €, Buchung unter Tel. 04651 99 80, www.insel-sylt.de und www.syltnesscenter.de

7 Seetierfang

Abgelegt und losgeschippert auf den Spuren der Unterwasserwelt: In einem seichten Priel lässt Kapitän Hans-Werner Matthiesen ein Netz ins Wasser gleiten und schleppt es einige Minuten. Dann entleert er den Fang im Salzwasserbassin an Bord des MS Nordfriesland, in dem sich augenblicklich die ganze Vielfalt des Wattenmeers tummelt: Schollen, Steinpicker, Seeskorpione, Krebse und Garnelen, Einsiedlerkrebse, Wellhornschnecken, Seesterne und Seeigel. Wie sie leben und was sie futtern, verrät ein Nationalpark-Ranger, der immer mit an Bord ist.

ab Hafen Pellworm Fahrtdauer ca. 3 Stunden Erw. 15 €, Auskünfte unter Tel. 04844 7 53 www.faehre-pellworm.de

8 Seehund-Spotting

Kapitän Hellmann schippert mit seinem kleinen MS Gebrüder zu den Sandbänken des Norderoogsand, auf denen Seehunde in der Sonne dösen. Im Sommer bringen sie hier ihre Jungen zur Welt. Unter den Welpen gibt es immer wieder ein paar Heuler – sie haben ihre Mutter verloren und jaulen laut, um von ihr gefunden zu werden. Gelingt dies nicht, werden sie in den Seehundstationen von Friedrichskoog und Norddeich so lange aufgepäppelt, bis sie sich selbst versorgen können.

Auskünfte unter Tel. 04844 3 20 oder per E-Mail an mannhell@yahoo.de

9 Radtour durch den Beltringharder Koog

Die ehemalige Nordstrander Bucht bildet heute das größte Naturschutzgebiet des schleswig-holsteinischen Festlands. Entdecken Sie eine ausgedehnte Salzwasserlagune, Schilfgürtel und Feuchtwiesen mit dem Fahrrad oder E-Bike. Tipp: Picknickkörbe und Fernglas nicht vergessen – der Koog ist, besonders im Frühjahr und Herbst, ein Vogelparadies!

Karte unter www.erlebnis touren-nordfriesland.de

10 Kutschtour zur Hallig Südfall

Zur Hallig Südfall, rund 5 km westlich von Nordstrand, kutschiert Werner Andresen. Zwei stämmige Pferde ziehen den hohen Wattwagen von der Badestelle Fuhlehörn durch das weite Watt hin zur einzigen Warft auf dem Mini-Eiland, das sich als Oase der Natur mitten im Weltnaturerbe versteckt. Strandflieder und Strandaster setzen leuchtende Farbtupfer, Zug- und Wattvögel rasten auf den Salzwiesen. Ganz in der Nähe lag bis zur Groten Mandränke von 1362 das sagenumwobene Rungholt.

tgl. 8.00 – 12.00 Uhr Erw. 15 €, Anmeldung/Auskunft unter Tel. 04842 3 00

Dünen, Heide und Moore

Spektakuläre Wanderdünen, romantische Heidetäler, dunkles Moor, farbige Steilufer und feinste Sandstrände, hohe Nordseewellen und endlos wirkendes Wattenmeer: So vielfältig und reizvoll wie die Natur präsentieren sich auch die Orte im Sylter Norden und Westen.

Eigentlich ist Sandburgenbauen aus Küstenschutzgründen verboten – Strand bei Kampen.

Der gusseiserne Leuchtturm List-West sichert seit
1858 die Schifffahrt nördlich der Insel.

Wegen ihrer Nesselzellen von den Urlaubern gefürchtet:
Feuerqualle auf dem Trockenen.

Abendliche Stimmung vor Kampens
Rotem Kliff

Friesenarchitektur beherrscht die Insel –
auch auf dem Ellenbogen.

Besonders ursprünglich zeigt sich die Natur auf Sylt, der mit 99 Quadratkilometern größten deutschen Nordseeinsel, im Listland. Eine Mautstrecke erschließt die Düneneinsamkeit des Ellenbogens. Die 1300 Hektar große Nordspitze ist seit 1921 Naturschutzgebiet. Das Baden gilt wegen der starken Strömung als lebensgefährlich – die „große Runde" zu Fuß um die Nordspitze jedoch als beeindruckendes Naturerlebnis. Besonders imposant ist die Große Wanderdüne, ein ca. 30 Meter hoher und einen Kilometer langer Sandberg, den der kräftige Westwind immer weiter gen Osten treibt. Um diese Wildnis so ursprünglich wie möglich zu erhalten, darf das Naturschutzgebiet nicht betreten werden.

Der stete Wandel prägt nicht nur die Dünen des Listlandes, sondern auch die nördlichste Gemeinde Deutschlands. Seit 2007 ein militärisch knappes „Meine Damen und Herren, das war's", nahezu ein Jahrhundert Marine und Fliegerei in Sylts Norden beendete, gibt es in List reichlich Platz und Pläne, um den längst überfälligen Ausbau der touristischen Infrastruktur nachzuholen.

Auf dem Weg in neue Zeiten

Wahrzeichen von List ist der umgestaltete Hafen mit Buden und Boutiquen, der zur Einkaufspassage verwandelten Tonnenhalle, dem Fähranleger und der „nördlichsten Fischbude Deutschlands", mit der Jürgen Gosch seine Karriere als „Fischkönig" begann. 1966 war der gebürtige Eiderstedter als Maurergeselle auf Montage nach Sylt gekommen. Um seinen Lohn aufzubessern, verkaufte er nach Feierabend Krabben und Aal an die Feriengäste, 1972 folgte ein Krabbenstand am Lister Hafen. Aus der „nördlichsten Fischbude Deutschlands" hat sich eine Eventgastronomie entwickelt, die Gosch in ganz Deutschland bekannt machte. So ist ein Besuch seiner „Alten Bootshalle" für viele Urlauber unverzichtbar – auch wenn das Ambiente mit Fischernetzen und touristischem Rummel an ein maritimes Hofbräuhaus erinnert.

Lister Kaleidoskop: Jürgen Gosch in der „Alten Bootshalle" gehört dazu, eine Piratenfahrt auf der „Gret Palucca", die legendäre „Sylter Royal" und die alltägliche Fähre hinüber nach Rømø.

Allen Grund, gut gelaunt zu sein: Besucher in
Wenningstedts „Strandbar Wonnemeyer"

Ernährung   **Special**

Algen-
Appetit

**In Südostasien werden Millionen
Tonnen Algen verspeist. Jetzt soll
das Gemüse aus dem Meer auch
Europas Küchen erobern.**
Am Alfred-Wegener-Institut für
Polar- und Meeresforschung wird
in Meerwassertanks der Sylter
Algenfarm die braune Meeresalge
Laminaria saccharina gezüchtet –
Sylter Kombu Royal genannt. Bei
Dittmeyer's Austern-Compagnie
hat sie bereits die Speisekarte
erobert. In Butter gebraten, in Ge-
müse-Weißwein-Sud geschwenkt
und mit Knoblauch abgeschmeckt
wird sie serviert. Appetit auf Algen hat auch die Meeresschnecke
Abalone, die ebenfalls in den Lister Meerwasser-Gewächshäusern
aufwächst. Als „Sylter Meerohr"
wird die vierjährig nur 80 Gramm
schwere Hochpreis-Molluske nach
Südostasien exportiert.

Ebenfalls kulinarischer Klassiker aus
List ist die „Sylter Royal". Die Felsen-
auster wird seit 1986 wieder von Ditt-
meyer's Austerncompagnie, Deutsch-
lands einziger Austernzucht, vor List im
Wattenmeer gezüchtet. Doch die Sylter
Königin hat Gesellschaft bekommen:
eine braune Meeresalge, die nach dem
Willen der europäischen Unionisten aus
Brüssel als gesundes Gemüse unseren
Speiseplan bereichern soll.

Um List auch als Wissenschaftsstand-
ort zu stärken, entstand der Plan, die
ehemalige Marineversorgungsschule
zum „Campus Sylt" zu wandeln. Wo von
1958 bis 2007 Schiffsköche, Sanitäter
und Stabsoffiziere ihren letzten Schliff
bekamen, sollten Studenten unterrichtet
werden. Auch wenn das Nordsee College
2013 in einem Gerichtsstreit scheiterte,
hält Conrad Hansen vom Campus Sylt
Förderverein an seiner Vision fest. Dass
es im Sylter Norden lange dauert, bis etwas umgesetzt wird, hat fast schon Tradition. Vier Jahre mussten die Lister bis
zum ersten Spatenstich für ein Luxus-
hotel im Sylter Norden warten. Umso
größer war dann die Freude, als Ende
2009 das „Grand Spa A-Rosa" mit Gour-
metrestaurant, 193 Luxuszimmern und
4000 Quadratmeter großem Spa-Bereich
eröffnete. Und so geben die Lister auch
ihre Hochschulpläne nicht auf.

Das St. Tropez des Nordens
Das glamouröse Sylt ist in Kampen zu
Hause. Hier liegt der mit den 52 Metern
der Uwe-Düne höchste Punkt der Insel,
und auch die Immobilienpreise sind am
höchsten – bemerkenswert daher, dass
die Heide zwischen Rotem Kliff und
dem Ortskern nicht bebaut werden darf.
Seit 1913 regelt die Bauordnung zudem
die Höhe der Häuser sowie ihr Ausse-
hen: Rotklinker mit Reetdach ist Pflicht.

Doch der Attraktivität Kampens tut
dies keinen Abbruch. Im Gegenteil.
„Hier rummelt sich die komischste Gesellschaft, die Sie sich denken können,
nur Menschen von Interessen, die zu
dieser Landschaft in Beziehung stehen – Musiker, Schriftsteller, überhaupt
Künstler", so der Schriftsteller Hermann von Wedderkop 1927 in seinem
Gesellschaftsroman „Adieu Berlin". Vor
allem Verleger entdeckten ihr Herz für
diese Sylter Dünenlandschaft. Ferdinand
Avenarius, Ernst Rowohlt, Siegfried Ja-
cobsohn, Peter Suhrkamp und Axel Cä-
sar Springer logierten zwischen Kliff und
Heide und lockten Künstler und Schriftsteller an. Begeistert schrieb Max Frisch
aus Kampen: „Man badet hier nackt, und
das ist herrlich." Marcel Reich-Ranicki,
der Jahre später die Freikörper-Kultur
am Kampener Strand sah, erblickte indes
nur „Quadratkilometer Schamhaar".

Zur Cocktailstunde reiht sich vor Kampens „Gogärtchen"
manche automobile Preziose.

Nicht ohne Grund wird Kampens Strönwai „Whiskymeile" genannt – auch wenn es hier natürlich
genauso gut Champagner sein darf.

Hervorragende Kaffees aus aller Welt, hausgemachte Kuchen und ein Paradeblick auf
das Wattenmeer: Die Kampener „Kupferkanne" ist zu Recht beliebt.

Erst von Künstlern und Intellektuellen
bevorzugt, wurde Kampen zum
Treffpunkt der Schönen und Reichen.

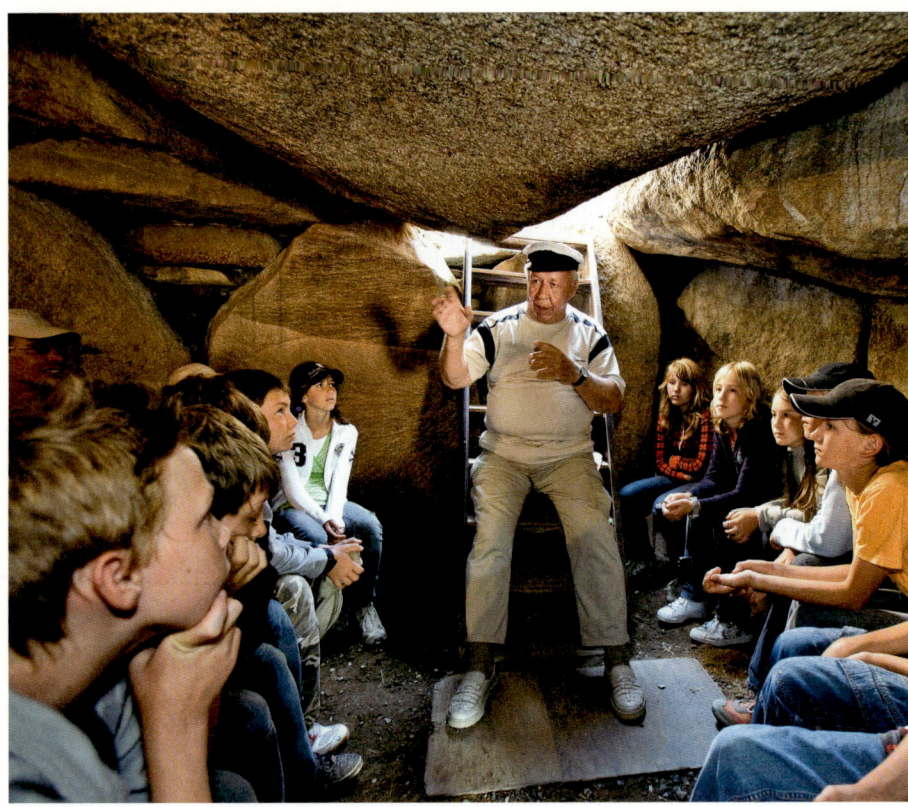

Wie immer kommt es auf die Präsentation an: Der Besuch des 5000 Jahre alten Denghoog in Wenningstedt kann sehr spannend sein.

Manches Sylter Haus ist ziemlich neu, doch der Stil blieb seit Langem gleich: Braderup.

Wenningstedt ist ein Familienbad – und da gehört das Buddeln einfach dazu.

Wenningstedts größte Attraktion ist sein herrlich breiter Strand.

„Unter allen Umständen bade man ohne Kleider. Denn die (Kleider) vereiteln gar leicht den Erfolg des ganzen Badens."

Sylter Arzt A. Jenner um 1850

Ob Aufklärung mit Oswald Kolle an der legendären Buhne 16 oder wilde Gelage: Das erst von Künstlern und Intellektuellen bevorzugte Kampen wurde zum Treffpunkt der Schönen und Reichen. Wer zum Jetset gehören wollte, ging nachmittags ins „Gogärtchen", abends in die „Kupferkanne" und später zur Party ins „Pony". Das Geschehen am 300 Meter langen Strönwai, der Hauptstraße des kleinen Ortes, war dem Fernsehsender RTL Mitte der 1990er-Jahre sogar eine TV-Serie wert, die „Sylter Geschichten".

Auch bei den Nazi-Größen galt die Insel in den 1930ern als schick. So hatte Hermann Görings Ehefrau Emmy ein Ferienhaus hier. Doch schon wenige Jahre später wurde die Insel zum Sperrgebiet: Während des Zweiten Weltkriegs wurden von List bis Hörnum Bunkeranlagen in die Dünen am Weststrand gebaut, die heute die Erosion wieder freigibt.

Im Aufwind

Die Energiewende scheint den deutschen Norden zur Boomregion zu machen: Besonders die Windenergie sorgt für schwarze Zahlen in den Kassen von Kommunen, die zuvor vom Tourismus oder der Landwirtschaft abhängig waren. Zuerst breiteten sich Windräder auf dem Küstenland aus – in Schleswig-Holstein erzeugen bereits mehr als 2500 Windan-

lagen rund 4500 Megawatt Leistung und damit stammen, zumindest rechnerisch, 100 Prozent des verbrauchten Stroms aus erneuerbaren Energien. Innerhalb von zehn Jahren soll dieser Wert verdreifacht werden, und das vor allem mithilfe von Offshore-Anlagen wie dem deutsch-dänischen Milliardenprojekt Dan Tysk, das im April 2015 mit 80 Anlagen 70 Kilometer westlich von Sylt im Meer den Betrieb aufnahm. Ein 200 Kilometer langes Kabel transportiert jährlich sauberen Strom für 40 000 Haushalte an Land.

34 Kilometer westlich von Sylt sollte der Offshore-Bürgerwindpark Butendiek mit ebenfalls 80 Turbinen entstehen. Trotz der Klage des NABU im April 2014 gegen den Bau, weil Butendiek im Fauna-Flora-Habitat „Sylter Außenriff" und im EU-Vogelschutzgebiet „Östliche Deutsche Bucht" liegt, und des Verkaufs des Projekts an die wpd AG konnte im September 2014 die Errichtung der ersten drei Windenergieanlagen (WEA) vermeldet werden. Seit Sommer 2015 liefert auch Butendiek emissionsfreie Energie an 370 000 Haushalte. Noch riesiger ist der Offshore-Windpark „Sandbank 24", für den 90 Kilometer westlich von Sylt in der ersten Ausbaustufe ab 2015 96 Windenergieanlagen installiert wurden. Alle drei Windparks sind jedoch von der Insel aus nicht zu sehen.

RINGREITEN

Die Herren der Ringe

Das Ringreiten hat eine lange Tradition in Nordfriesland. Bereits im 14. Jahrhundert erhielten Pferdeknechte pro Jahr einen freien Tag und ein Pferd von ihren Herrschaften, damit sie sich am Ringreiten beteiligen konnten. Richtig in Mode kam das Ringreiten jedoch erst in der Mitte des 19. Jahrhunderts, als die ersten Ringreitervereine auf Sylt und Föhr gegründet wurden.

Wenn auf den nordfriesischen Inseln von Mai bis August die Galgen aus weißem Holz aufgebaut werden, so schlägt dort nicht die letzte Stunde für Sünder: Es ist wieder Ringreiter-Zeit! Das Turnier erfordert ein hohes Maß an Geschicklichkeit und Übung. Ziel ist es, dreimal hintereinander auf dem Rücken eines galoppierenden Pferdes einen Metallring mit einer langen Lanze aufzuspießen. Dabei hängt der Ring zwischen zwei vier Meter hohen Pfosten an einer Schnur – und wird bei jedem Durchgang kleiner. Der alles entscheidende Königsring hat einen Durchmesser von nur 1,3 Zentimetern – und muss dreimal auf der Lanze stecken! Nur wem dies gelingt, der kann als „Herr der Ringe" zum Ringreitkönig – oder mittlerweile auch zur -königin – gekürt werden. Um die Trefferquote zu erhöhen, wird dem Reiter ein hochprozentiger „Satteltrunk" gewährt. Doch nicht immer ging es dabei maßvoll zu. Ende des 19. Jahrhunderts hielt der Schriftführer eines Sylter Ringreitervereins in seinem Protokoll fest: „Der Wein fließt schon vorher

Auch auf Pellworm ist eine treffsichere Ringreiterszene zu Hause.

Vor allem für Einheimische ist das Ringreiten ein großer Spaß (links). Auch die Pferde werden mitunter geschmückt (oben).

in Strömen, doch die echten Ringreiter nehmen sich in Acht und vermeiden einen vorzeitigen Rausch ...".

Nach dem Turnier und der Krönung folgt traditionell ein Umzug: Prachtvoll in dunkle Uniformen gekleidet, ziehen die Ringreiter durch die Inselorte – auf Sylt sogar über die Westerländer Flaniermeile Friedrichstraße. Orden schmücken die Brust der Reiter, Wimpel die Lanzen. Hufe klappern, Marschmusik schmettert, die Pferde schnauben.

Mit acht Vereinen – fünf Männerclubs und drei „Amazonen"-Corps – ist Sylt die Hochburg der Ringreiter, aber auch auf den anderen Inseln ist diese Tradition, die an mittelalterliche Reiterspiele erinnert, beliebt. Jeder Ringreitverein hat seine eigene Uniform. Auf Sylt dominieren dunkelblaue und schwarze Jacken mit farbigen Schmuckelementen; auf Föhr tragen die Frauenringreiter rote Jacken.

Der Startschuss zur Sylter Ringreitersaison fällt auf Sylt beim Archsumer Ringreiterverein von 1863 im Mai. Nach acht Einzelturnieren auf den Plätzen in Keitum, Morsum und Archsum werden beim Amtsringreiten Ende August alljährlich der beste Einzelreiter sowie die erfolgreichste Mannschaft ermittelt. Um den König der Könige zu ermitteln, treffen sich die Aktiven noch beim Landesringreiten. In Föhr küren die Clubs der Insel ihr bestes Team beim Bundesringreiten in Oldsum. Zum sportlichen Wettstreit am Sonntag gehört auch immer der abendliche Tanz – zugelassen zum Reiterball sind allerdings nur Ringreiter. Als Zuschauer bei den Turnieren und Umzügen sind Gäste jedoch überall willkommen. Und wer mag, kann bei (Kur-)Gast- oder Kinderringreitturnieren einmal selbst Glück und Geschick erproben.

Infos & Termine

Allgemeine Informationen zum Ringreiten und die Termine der Veranstaltungen finden sich auf der Internetseite **www.ringreiten.de**.

Allen Wünschen gerecht

Hier zeigt Sylt, warum es Deutschlands beliebteste Urlaubsinsel ist: Ob Brandung an der Westküste oder stille Weite am Watt, ob Dünen, Deiche oder Heide, Trubel oder Abgeschiedenheit: Für jede Stimmung bieten Sylts Norden und Westen das Passende. Hingucker sind die Kreuzfahrtriesen, die im Sommer vor der Küste ankern.

❶ List

List (1561 Einw.) ist nicht nur der nördlichste Ort Sylts, sondern auch die nördlichste Gemeinde Deutschlands. Doch das noch nicht sehr lange: Erst 1866 kam das bis dahin königlich-dänische und bereits im 13. Jh. erwähnte Listland mit seinen Dünen zum preußischen Königreich. 1914 ließ sich das Militär in List, dessen Name aus dem Altdänischen stammt und wohl schlicht (Küsten-)Streifen bedeutet, nieder und richtete u. a. einen Zeppelinhafen ein, aus dem nach dem Ersten Weltkrieg ein Seefliegerhorst wurde. Ende 2007 schloss die Bundeswehr den Standort. Das alte Kurzentrum wich dem nicht unumstrittenen exklusiven „Grand Spa A-Rosa Hotel List", der Hafen hat sich längst von der Budenstadt „List Vegas" zu einem maritimen Schmuckstück gewandelt.

Erlebniszentrum Naturgewalten in List (oben), Lists Alte Tonnenhalle (rechts oben), Alte Bootshalle (rechts unten)

SEHENSWERT
Hauptanziehungspunkt im Ortskern im Osten ist der **Hafen** mit seinen Shops in und um die historische Tonnenhalle, in der einst Seezeichen lagerten, dem Fähranleger und der „nördlichsten Fischbude Deutschlands", mit der Jürgen Gosch seine Karriere als „Fischkönig" begann. Die Vielfalt und Schönheit der Küsten und Meere bringt auf drei Themenpfaden das **Erlebniszentrum Naturgewalten Sylt** TOPZIEL am Lister Hafen näher: Klima, Wetter und Klimaforschung, Kräfte der Nordsee sowie Leben mit Naturgewalten (Hafenstraße 37, Tel. 04651 83 61 90, www.muez.de, tgl. 10.00 bis 18.00, Juli/Aug. bis 19.00 Uhr, Erw. 14 €). Inmitten der Dünen ruht ein Ehrenbürger Lists, der in den 1930er-Jahren weltweit für Schlagzeilen gesorgt hat: Wolfgang von Gronau (1893–1977) überquerte 1930 vom Seefliegerhorst aus als einer der Ersten mit einem Wasserflugzeug den Atlantik in Ost-West-Richtung und umrundete 1932 auf einer 60 000 km messenden Route die Welt.

AKTIVITÄTEN
Baden ist am Ellenbogen wegen der starken Strömung lebensgefährlich! Alternativ lockt westl. des Ortes der 40 km lange Sylter Strand. Über verschiedene geführte **Wanderungen** am Strand, über die Heide und die Dünen infor-

miert die Kurverwaltung. Der geschützte „Königshafen" ist ein ideales Revier für Wind- und Kitesurfer.
Von List fahren tgl., saisonal stdl., Autofähren der Rømø-Sylt-Linie in 35 Min. nach Havneby auf der dänischen Insel **Rømø** (Rømø-Sylt-Linie GmbH & Co. KG, Norderhofenden 19, 24937 Flensburg, Tel. 0461 86 40, www.frs.info). Kegelrobben und Seehunde lassen sich bei den **Seetierfang**-Fahrten entdecken (Adler-Schiffe GmbH & Co. KG, Boysenstraße 13, 25980 Westerland, Tel. *01805 12 33 44, www.adler-schiffe.de).

KINDER
Am Hafen startet die „Gret Palucca" zur **Piratenfahrt** (Adler-Schiffe GmbH & Co. KG, Boysenstraße 13, Westerland, Tel. *01805 12 33 44, www.adler-schiffe.de, April–Okt.).

RESTAURANTS
Wo einst Boote und Seezeichen lagerten, wird heute frischer Fisch in vielen Variationen genossen: Eine Portion gegrillte Scampi in

Gosch's Alter Bootshalle ist für viele Sylt-Urlauber Pflicht (am Hafen, Tel. 04651 87 03 83, www.gosch.de). Seit 1986 ebenfalls ein Klassiker: sechs „Sylter Royal"-Austern im **Bistro Austernmeyer** schlürfen, Deutschlands einziger Austernzucht (Dittmeyer's Austern-Compagnie & Austernmeyer, Hafenstraße 10, Tel. 04651 87 08 60, www.sylter-royal.de).

VERANSTALTUNGEN
Am 21. Feb. wird wie überall auf Sylt das **Biikebrennen** veranstaltet; heute ein Volksfest, gehörte es einst zu der Verabschiedung der Walfänger-Mannschaften. Sportliche radeln beim **Sylt-Triathlon** (Juni, www.sylt-triathlon.com) durch die Lister Dünen, laufen auf dem Königsdeich und schwimmen im Wattenmeer. Ein Volksfest ist auch das sommerliche **Lister Hafenfest** (Aug.). Bei der **Strandkorbversteigerung** (Okt.) kommen ausgediente Strandmöbel unter den Hammer.

UMGEBUNG

Einen Hauch von Sahara kann man im Listland erleben. Besonders imposant ist die **Große Wanderdüne**, ein ungefähr 30 m hoher und 1 km langer Sandberg, den der Westwind immer weiter gen Osten treibt – wie schnell, ist im Erlebniszentrum Naturgewalten Sylt zu erfahren. Um diese Wildnis so ursprünglich wie möglich zu erhalten, darf das Naturschutzgebiet nicht betreten werden. Ebenfalls für Besucher gesperrt ist die **Vogelschutzinsel Uthörn**.

Der Königshafen war im Mittelalter ein wichtiger Schutzhafen zwischen Elbmündung und Jütlands Nordspitze. Im Dreißigjährigen Krieg lieferten sich 1644 hier die dänische und die holländisch-schwedische Flotte eine Seeschlacht. Die unberührte Natur der Dünen am **Lister Ellenbogen** lässt sich zu Fuß oder per Fahrrad nur auf der 17 km langen, mautpflichtigen Zufahrtstraße entlang der Übergänge zum Strand oder vom Strand aus erkunden (s. DuMont Aktiv, S. 39). Die wilde, raue Natur am Ellenbogen begeisterte im Frühjahr 2009 auch den Filmemacher Roman Polanski, der dort Szenen für seinen Thriller „The Ghostwriter" drehte.

Tipp

Zum Sunset ans Kliff

....

4 km lang und 35 m hoch, ragt das **Rote Kliff** TOPZIEL fast senkrecht an der Westküste auf und gibt den Blick auf die 120 000 Jahre alte Moräne der Saale-Eiszeit frei. Wenn die Sonne glutrot im Meer versinkt, funkelt das Rote Kliff in allen erdenklichen Farbschattierungen – ein Schauspiel, das sich in den Liegestühlen einer Holzplattform am Strand herrlich beobachten lässt. Zum Sunset-Drink am Kliff empfiehlt sich die „Sturmhaube" (Foto).

RESTAURANT STURMHAUBE
Riperstig 1, 25999 Kampen/Sylt,
Tel. 04651 99 59 40,
www.sturmhaube.de

Ganzjahressauna direkt am Kampener Strand: „La Grande Plage" (oben), Friesenhäuser in Kampen (rechts)

INFORMATION

Kurverwaltung List auf Sylt,
Landwehrdeich 1, 25992 List/Sylt,
Tel. 04651 9 52 00, www.list.de

❷ Kampen

Neben der FKK-Kultur begründete das Nachtleben den Mythos von Kampen, das bis heute als Treffpunkt der Reichen und Schönen, Stars und Sternchen gilt. „Man badet hier nackt, und das ist herrlich," schwärmte Max Frisch – viele folgen seinem Vorbild bis heute. Im 16. Jh. erstmals genannt, wurde Kampen (485 Einw.) von Landwirtschaft, Fischfang und Seefahrt geprägt, bis Mitte des 19. Jh.s der Seebädertourismus begann, der in den 1950er-Jahren hier eine mondäne Seite erhielt.

SEHENSWERT

Der kleine Ortskern erstreckt sich um den **Strönwai**, besser bekannt als „Whiskymeile". Auf 300 m drängen sich Edeljuweliere, Boutiquen, Makler, Galerien und In-Treffs. Einen Rundblick auf Sylt bietet die Aussichtsplattform der **Uwe-Düne**, mit rund 52 m höchster „Berg" der Insel; benannt wurde sie nach dem Sylter Landvogt und Kämpfer für ein von Dänemark unabhängiges Schleswig-Holstein Uwe Jens Lornsen (1793–1838).

Seit 2008 entsteht der **Kampener Kunstpfad**. Mittlerweile erinnern 32 Bronzestelen an Kreative wie Peter Suhrkamp oder Thomas Mann, die in Kampen ein inspirierendes Zuhause auf Zeit oder ihre Wahlheimat fanden. Seit 2011 schmückt zudem das Meertor von Joerg Plickat als Skulptur den Avenarius-Park.

AKTIVITÄTEN

Idyllisch ist das **Klappholttal** nördl. von Kampen – mitten durch das Dünental mit seinen Krüppelkiefern und Heideflächen führt der Fahrrad- und Wanderweg nach List. Er verläuft auf dem ehem. Gleisbett der Inselbahn, die bis 1970 zwischen Hörnum und List verkehrte. Eine **Sauna** am Strand bietet „La Grande Plage" mit Strandbistro (Riperstig/Weststrand, Tel. 04651 88 60 78, www.grande-plage.de).

RESTAURANTS

Die **Kupferkanne** ist seit 1950 eines der beliebtesten Cafés der Insel (Stapelhooger Wai, Tel. 04651 4 10 10, www.kupferkanne-sylt.de).

Eine Institution ist auch das **Gogärtchen** mit Landküche und Champagner (Strönwai 12, Tel. 04651 4 12 42, www.gogaertchen-sylt.de).

NACHTLEBEN

Prominente sind im Sommer gern im **Pony** (Strönwai 6, Tel. 04651 4 21 82, www.pony-kampen.net). Legendär ist auch der Nacht-**Club Rotes Kliff**, der seit 35 Jahren mit Cocktailbar und Disco begeistert (Braderuper Weg 3, Tel. 04651 4 34 00, www.club-rotes-kliff.de). Berühmt für Bowle ist das **Rauchfang** (Strönwai 5, Tel. 04651 4 26 72, www.rauchfang-kampen.de).

VERANSTALTUNGEN

Zum **Ostereierlauf** und **Osterfeuer** trifft man sich an Buhne 16 (Oster-So.). Der **Kampener Literatursommer** lädt ins Kaamp-Hüs (Juli–Sept.).

UMGEBUNG

Wie bis 1921 Enten gefangen wurden, zeigt die 1767 erbaute und nun unter Denkmalschutz stehende **Kampener Vogelkoje** zwischen Kampen und List, zu der das gleichnamige Lokal gehört (www.vogelkoje.de, April tgl. 11.00 bis 16.00, Mai–Sept. Mo.–Fr. 10.00–17.00, Sa./So. 11.00–17.00, Okt. tgl. 12.00– 16.00 Uhr, Erw. 5 €).

INFORMATION

Tourismus-Service, Hauptstraße 12, 25999 Kampen, Tel. 04651 469 80, www.kampen.de

❸ Wenningstedt

Das Nordseeheilbad (1421 Einw.), das 2010 sein 50-jähriges Bestehen feierte, sieht sich in erster Linie als Familienbad. An der Steilkante ist Fitness angesagt. Längst von Meer bedeckt ist der legendäre friesische Hafen Wonningstair, von dem aus um 450 n. Chr. die Angeln und Sachsen aufgebrochen sein sollen, um das von den Römern aufgegebene Britannien zu erobern. Zum Strand führt eine Treppe, die ab 2016 einem Neubau mit Aufzug weichen soll.

SEHENSWERT

Wenningstedts Attraktion ist der **Strand**, schließlich lebt die Gemeinde überwiegend vom Tourismus – wie die anderen Sylt-Gemeinden auch. Zeugnisse der Vergangenheit haben sich am Dorfteich erhalten. Der rund 5000 Jahre alte **Denghoog** – der Name wird mit Thinghügel übersetzt – gilt als größtes Steingrab Nordwesteuropas; zwölf Tragsteine stützen die drei Felsplatten der Decke. Durch einen schmalen Gang geht es in die 5 m lange, 3 m breite und 1,80 m hohe Grabkammer (April bis Okt. tgl. 10.00–16.00 Uhr, sonst nach Vereinb., Tel. 04651 57 69). Die **Friesenkapelle** am Dorfteich wurde 1914 aus Backstein errichtet und im Innern im Jugendstil gestaltet. Benachbart zeigt das **Commandeur-Teunis-Haus** eine Tür, die als schönste Nordfrieslands gilt.

AKTIVITÄTEN

Am Fuß des Leuchtturms (seit 1856 in Betrieb; nicht zu besichtigen) liegt ein **18-Loch-Golfplatz** (www.golfclubsylt.de). Kurse im Kite- und Windsurfen hält die **Surfschule** Camp One (Abgang Risgap/Dünenstraße, Tel. 04651 433 75, https://camponesylt.wordpress.com) ab.

RESTAURANTS

Auch wer nicht – wie einst Thomas Mann – in der weißen Villa logiert, sollte einmal die Küche im **Strandhörn** genießen – es lohnt sich (Dünenstraße 1, Tel. 04651 9 45 00, www.strandhoern.de). Nur zu Fuß zu erreichen ist die traumhaft gelegene Strandhütte **Wonnemeyer**, die bis zu den letzten Sonnenstrahlen des Tages mit Austern, Muscheltopf, Hummer oder Ofenkäse verwöhnt (FKK-Strand Nord, Tel. 04651 452 99, www.wonnemeyer.de).

VERANSTALTUNGEN

Touristischer Anziehungspunkt ist das alljährliche **Dorfteichfest** (Ende Juli). Von Ende Juni bis Anfang September begeistert der **InselCircus** mit einem Programm zum Anschauen und Mitmachen (www.inselcircus.de).

UMGEBUNG

Seit 1927 bildet Wenningstedt mit **Braderup** ein „Doppelpack". Das ruhige Dörfchen zur Wattseite ist ideal für alle, die gern Rad fahren oder wandern. Eine Alternative zum Strand ist dabei das 140 ha große Naturschutzgebiet **Braderuper Heide** mit vielen Pflanzen, die auf der Roten Liste der bedrohten Pflanzen stehen. Führungen bietet die Naturschutzgemeinschaft Sylt an; ihr Naturzentrum birgt neben Naturkundeausstellungen einen Gesteins- und Kräutergarten (M.-T.-Buchholz-Stich 10a, Tel. 04651 4 44 21, www.naturschutz-sylt.de, April bis Nov. Mo.–Sa. 10.00–18.00 Uhr).

INFORMATION

Tourismus-Information, Dünenstraße 17, 25996 Wenningstedt-Braderup, Tel. 04651 9 89 00, www.wenningstedt.de

Genießen   Erleben   Erfahren

DuMont Aktiv

Wanderung am Ellenbogen

Als nach Osten geschwungene Landzunge bildet der Ellenbogen die Nordspitze Sylts. Das 13 Quadratkilometer große Gelände ist im Besitz zweier Familien – der Diedrichsens vom Osthof und der Paulsens vom Westhof.

Die Wanderung durch das daher noch sehr ursprüngliche, naturnahe Listland beginnt am Lister Hafen. Man überquert den Parkplatz gen Norden und biegt hinter der Wattenmeerstation Sylt auf einen kleinen Weg in die Dünen ein, der fantastische Ausblicke auf den Königshafen und den Ellenbogen eröffnet. Auf dem Möwenberg-Landesschutzdeich, der List gen Norden schützt, wird nach der Jugendherberge die Mautstelle für Autofahrer – und damit der Beginn des Ellenbogens – erreicht.

Über Schafswiesen geht es am Nordufer des Königshafens bis zur Spitze des Ellenbogens, wo das ruhige Watt auf die Westwinde und starken Strömungen der Nordsee trifft – Baden ist hier lebensgefährlich. Am Strand entlang geht es nun gen Westen; die Dünen sind so hoch und weiß wie sonst nirgends auf der Insel. Zwischen dem 1858 errichteten Ostleuchtfeuer und dem 3 Kilometer entfernten Westleuchtfeuer aus gleicher Zeit wird das „Ostindienfahrerhuk" umrundet. Weiter gen Süden wird auf dem Lister Weststrand die „Weststrandhalle" erreicht. Wer mag, kann jetzt unbesorgt ein Bad im Meer genießen.

Weitere Informationen

Tourlänge: ca. 20 km/ca. 5 Std., ab Mautstation ca. 12 km/ca. 3 Std.
Karte: Kompass WK 701 im Maßstab 1 : 50 000, Insel Sylt mit Ortsplänen, ISBN 978-3-85491-140-1

Unterkunft: Conni und Thomas Diedrichsen vermieten am Ellenbogen Deutschlands am nördlichsten gelegene Ferienwohnungen, idyllisch gelegene Refugien. Tel. 04651 87 02 18, www.uethoern.de

Natur pur auf dem Lister Ellenbogen: Hier genießt man den Blick über die Dünen – und auf das eine oder andere Schaf.

Inselmetropole und Friesenidyll

Westerland ist die „Metropole" der Insel – und weckt bei vielen Besuchern widersprüchliche Gefühle. Für Begeisterung sorgen der breite Strand, die Einkaufsmöglichkeiten und das erstaunliche Nachtleben, für Ernüchterung dagegen so mancher architektonische Fehltritt. Derartiges blieb Sylts bodenständigem Osten erspart. Hier findet man in Keitum noch ein echtes Friesenidyll. Der Süden hat die Marine verabschiedet und sich als neue Perle des Sylter Jetsets etabliert.

Links des Weges liegt das Rantumbecken, ursprünglich ein Wasserflughafen, rechts das Wattenmeer.

150 Fischarten aus der Nordsee, aber auch den Tropen, tummeln sich im Sylt-Aquarium. Durch die Korallenwelt zieht sich ein Besuchertunnel.

Hier muss jeder Sylt-Besucher einmal hindurch: Westerlands Einkaufsmeile Friedrichstraße.

Tagsüber spielt an Westerlands Kurpromenade
und am Strand die Musik.

„Der Mensch sieht sich
auf einmal ins richtige
Verhältnis gesetzt
zu Himmel und Erde.
Was ist er da? Ein
Muschelabdruck, eins
dieser Wassertröpfchen,
die hier überall
herumfliegen."

Horst Mönnich (Schriftsteller), 1954

Ach Sylt, schön muss es einmal hier gewesen sein, auch im Sommer", sinnierte der Schriftsteller Walter Jens, der 15 Jahre lang in Kampen urlaubte, beim Anblick der Westerländer Skyline. Viele möchten es ihm sicher gleichtun, wenn sie die Hochhausklötze und Apartmentblöcke aus den 1970er-Jahren erblicken. Nur hier und da erinnern hübsch restaurierte Fassaden mit Steinskulpturen und goldenen Inschriften sowie Bauten wie die 1898 eingeweihte Kurverwaltung und das Jugendstil-Hotel Miramar von 1903 an einstigen Glanz: Um 1900 galt Westerland als mondänstes Bad der deutschen Nordseeküste. Mit der „Neuen Mitte Sylt" soll Westerlands Zentrum wieder schöner werden – 2015 wurde der Grundstein für die 26 Millionen Euro teure „Premium-Immobilie" gelegt, die gegenüber von Gosch für 26 Millionen Euro entsteht – mit großer Grünfläche vor dem dreistöckigen Gebäude.

Der rasante Aufstieg des ersten Sylter Seebads, das im Gründungsjahr 1855 98 Kurgäste begrüßen konnte, lag vor allem an einer fortschrittlichen Regelung, die damals für Schlagzeilen in den Gazetten sorgte: In Westerland durften Damen und Herren gemeinsam in die Fluten steigen statt, wie bis dato üblich, an getrennten Strandabschnitten.

Berühmt wurde Westerland, von Spöttern gern als „Friesen-Monaco" betitelt, auch für sein Nachtleben. Ob gemütlich beim Guinness im „Irish Pub", Cocktail schlürfend in der „Wunderbar" oder bei den Mitsinghits im „Compass", ob bei den Gays im „Kleist Casino" oder bei den sommerlichen Open-Air-Partys am Strand: Wer abends gern ausgeht, kommt in Westerland auf seine Kosten. Tagsüber tobt das Leben auf der Strandpromenade und der Shoppingmeile Friedrichstraße, die als eine der wenigen Fußgängerzonen der Welt direkt am Meer endet. Doch es gibt auch noch stille, verschwiegene Winkel in Westerland. Rund um die alte St.-Niels-Kirche finden sich noch die Reste jenes alten Dorfes, das die wenigen Überlebenden Eidums dort neu gegründet hatten – am 1. November 1436 hatte die Allerheiligenflut den einstigen Hauptort Sylts zerstört. Als neues Zentrum wurde „Weesterlön" in sicheren drei Kilometer Entfernung vom oftmals wütenden Meer errichtet – heute beträgt die Strecke zum Strand nur noch 1200 Meter ...

Grün ist der Osten

Eher still und malerisch blieben auch die nahen Ostdörfer Archsum, Keitum, Morsum, Munkmarsch und Tinnum, die gemeinsam mit Rantum und Wester-

Walkiefer bilden das Tor zum Sylter Heimatmuseum in Keitum.

Das Altfriesische Haus in Keitum zeigt Wohnkultur vergangener Zeiten, als die „uthlandfriesische" Bauweise mit dem charakteristischen sogenannten Zwerchhaus über dem Eingang alltäglich war.

Keitums Kirche St. Severin ist seit über 800 Jahren
Seezeichen und geistliche Zuflucht zugleich.

Special

Lewwer
duad üs Slaav

**„Lieber tot als ein Sklave" ist das
Motto der Nordfriesen. Es geht auf
den Fischer Pidder Lüng zurück,
der um 1470 in Hörnum lebte.**
Lüng war bereit, für seine Rechte
zu kämpfen: Als eines Mittags
der Amtmann von Tondern auftauchte, um die Zehntzahlung
einzufordern, kam es zum Streit.
Lüng verweigerte die Abgaben mit
Hinweis auf alte Rechte, auf die der
Amtmann im Wortsinn spuckte –
auf Lüngs Mittagessen. Wutent-
brannt packte Lüng den Amtmann
und drückte dessen Gesicht in den
Kohl. Ob Lüng nach dem Mord
flüchtete, ist nicht überliefert, der
Widerstand der Friesen gegen die
dänische Herrschaft dagegen belegt. Er inspirierte Detlev von Liliencron zur Pidder-Lüng-Ballade –
1978 vom Deutschrocker Achim
Reichel vertont.

land die Gemeinde „Sylt" bilden. Ähnlich
wie auf Fehmarn gibt es auch auf Sylt
Bestrebungen, das Kirchturmdenken
einzelner Orte gegen eine gemeinsam
umzusetzende Politik einzutauschen
und die Insel als eine Kommune zu ver-
walten. „Sylt als Einheit" ist das Motto
der Bürgerinitiative, die bereits als April-
scherz 2007 online entsprechende Orts-
schilder präsentierte. Bislang hat sie erst
ein Teilziel erreicht: Die Schaffung einer
gemeinsamen Kommunalverwaltung für
die Insel scheitert bislang noch am Widerstand der Kommunen Wenningstedt,
Kampen, List und Hörnum.

Man kam per Dampfer
Munkmarsch war einst der Haupthafen
der Insel. Hier machten die vom Festland
kommenden Raddampfer fest, die von
der Hoyer Schleuse aus die Bahngäste
aus Hamburg zur Insel brachten. Weiter nach Westerland ging es zunächst
per Kutsche, ab 1888 dann auch mit
der Inselbahn. 1901 folgte der Bau der
14,5 Kilometer langen Südbahn nach
Hörnum, wo die an guten Geschäftsideen
immer interessierte Hamburger Reederei
HAPAG mit ihrer Seebrücke erstmals
einen tideunabhängigen Anleger errichtet hatte. 1903 wurde ein nördlicher Ast
über Wenningstedt bis Kampen eröffnet, 1908 die Verlängerung bis nach List.

Die alte Trasse der Inselbahn, 1970 stillgelegt, ist heute ein Rad- und Wanderweg. Vorbei an Weiden, Grabhügeln aus
der Bronze- und Wikingerzeit, einsamen
Dünen und blühender Heide, verbindet
er abseits vom ganzjährig erstaunlichen
Autoverkehr die Inselorte. Geht einem
bei der steten Brise, die rätselhafterweise
immer von vorn kommt, die Puste aus,
transportieren die Busse der Sylter Ver-
kehrsgesellschaft Gast und Rad ans Ziel.
In Keitum übernehmen diese Aufgaben
Pferdekutschen – der Ort ist fast autofrei.

Kapitäne und Künstler
Durch die geschützte Lage am Watt
wurde Keitum nie Opfer von Sturmfluten und konnte sein historisches Erbe
gut bewahren. Verschlungene Wege, ge-
säumt von prächtigen Friesenhäusern,
die einst Kapitäne und Walfänger errichteten, durchziehen den Ortskern. Töpfer
und Weber, Goldschmiede und Glasblä-
ser haben ihre Werkstätten geöffnet, wo
sie mit Fantasie filigrane Kunstwerke fer-
tigen. In den Gärten wetteifern Hecken-,
Stock- und Edelrosen mit ihrer Blüten-
pracht, dickes Moos und noch mehr Blumen schmücken die Steinmauern. Alleen
aus Ahorn, Buchen, Linden, Kastanien
und Platanen spenden Schatten. Doch anders als die Bauten ist der Baumbestand
nicht alt, sondern 1998 frisch gepflanzt.

Sylt ist immer gut für exklusive Ideen: Beach Polo
World Cup in Hörnum.

Sprödes Küstenstillleben: Buhnenreste am
Strand von Rantum

Eine von Sylts legendären Ecken:
„Sansibar" in den Rantumer Dünen

Westerlands Wellen ziehen Surfer geradezu magisch an –
hier bei der Kite Surf Trophy.

Special

Knicks vor dem König

....

Als bekannteste Rantumerin gilt Merret Lassen, die als sehr attraktiv beschrieben wird.
Als der Dänenkönig Frederik VI., als Herzog von Schleswig Südsylter Landesherr, 1825 die Insel besuchte, wünschte er, diese „richtige Friesin" zu sehen. Angesichts ihrer Kinderschar – acht ihrer 21 Kinder wurden Kapitäne – fühlte sie sich zu Hause unabkömmlich. So fuhr der König selbst nach Rantum. Als Merret auftauchte, knickste und sagte: „Majestät wollten mich sehen. So sehe ich von vorne aus" – sie drehte sich um – „und so von hinten." Und stolzierte wieder zur Tür hinaus. Der König, für eine liberale Gesinnung bekannt, soll in schallendes Gelächter ausgebrochen sein. Der Rantumer Merret-Lassen-Wai hält die Erinnerung an sie lebendig.

Schuld daran ist der Ulmensplintkäfer, der 550 alte Keitumer Ulmen befallen und mit einem Pilz infiziert hatte. Als sie gefällt werden mussten, sorgte die Aktion „Schenkt Keitum einen Baum" binnen weniger Jahre für Ersatz.

Zwischen zwei Meeren

Wie karg und rau präsentiert sich dagegen die Landschaft um Rantum an der schmalsten Stelle der Insel – nur 600 Meter trennen die Dünen des Weststrands von den Salzwiesen am Watt. Jahrhundertelang kämpfte der kleinste Ort der Insel gegen Sandflug und Sturmfluten – heute sind die Dünen befestigt, schützt ein Deich die Salzwiesen der Raantem Inge vor Überflutungen. Willkommen ist jedoch das Nass, das im Untergrund sprudelt: Seit 1993 füllt die Sylt-Quelle Mineralwasser ab. In ihrer Abfüllhalle unterhält im Sommer das „Meerkabarett" mit Kabarettisten und Comedians.

Sandige Spitze

Sand, Wind, Wellen: Dieses Trio prägt auch den Süden bis nach Hörnum – als einziger Ort der Insel ist das Seebad an der Südspitze an drei Seiten von Stränden umgeben. Doch auch hier nagt die See: Jeden Winter schrumpft an der Südspitze die Hörnumer Odde um mehrere Meter. Hinter dem „Südkap" direkt am Strand erhebt sich rot-weiß der Hörnumer Leuchtturm. Als er 1907 eingeweiht wurde, lebten hier außer dem Leuchtturmwärter und seiner Frau nur sieben Menschen, deren Berufsverständnis von Fischerei in uralter (Seeräuber-) Tradition die eine oder andere Strandräuberei wohl mit einschloss. Doch mit der Einweihung des Anlegers begann eine touristische Karriere. Der Raddampfer „Cobra" spülte HAPAG-Urlauber aus Hamburg und Helgoland in Hörnum an Land. Im Dritten Reich wurde Hörnum wie List Militärstandort. Intensiver sind bei vielen allerdings die Erinnerungen an das Jugenderholungsheim Puan Klent, in dem Generationen Hamburger Schüler legendäre Ferien verbrachten.

Mit dem Abzug der Bundeswehr erhielt auch Hörnum neue Impulse: Am Budersand, wo einst Soldaten zum Appell antraten, können Golfer jetzt auf einem Links-Platz am Meer abschlagen, am Standort der einstigen Pidder-Lüng-Kaserne im eleganten „Budersand-Hotel" schlemmen und sich im Spa verwöhnen lassen. Das alte Kurmittelhaus wich einem Hapimag-Resort mit Deep Nature Spa; die alte Strandperle dem neuen Dünenrestaurant „Breizh". An Promenade und Hafen empfängt Hörnums Star die Gäste: Kegelrobbe Willy, die anders als ihre Artgenossen kein bisschen scheu ist.

DER KAMPF UM SYLT

Die Insel bröckelt

Das berühmte Rote Kliff bröckelt. In Kampen bricht die Nordsee große Stücke aus dem alten Kern der Insel. Bei Westerland greifen die Wellen die Vordünen an. An der Südspitze bei Hörnum beträgt der Landverlust nach jeder Sturmflut bis zu 50 Meter.

Nur mit schwerem Gerät lässt sich der Landverlust in Grenzen halten.

W ie sehr die Nordsee seit Jahrhunderten an der Insel nagt, zeigt sich besonders gut in Wenningstedt, das vor 1000 Jahren noch zwei Kilometer weiter westlich lag. Damals galt der Ort als größter Hafen der Insel. Bei der „Groten Mandränke" 1362, die auch das sagenhafte Rungholt vernichtete, wurden Ort und Hafen von den Wellen verschluckt. Auch heute bedeutet jede Sturmflut Gefahr. Als Schutzmaßnahme gegen den Landraub durch den Blanken Hans wurden daher im 19. Jahrhundert erste Holzpfahlbuhnen rechtwinklig zur Küste in die See gebaut, später durch Buhnen aus Metall und Beton abgelöst. Die Maßnahme war jedoch kontraproduktiv: Die Buhnen, beliebt als Balancestrecken, erzeugten einen kreisförmigen Neerstrom – was sich in Luv ablagerte, wurde durch die Quererosion in Lee, der windabgewandten Seite, wieder fortgetragen. Mit großem Aufwand wurden die Buhnen schließlich abgetragen. Damit verschwand auch der berühmteste Treffpunkt der In-People: Buhne 16, Namensgeberin des gleichnamigen FKK-Strandes und Hotspot der Surfer-Szene.

Lauter gescheiterte Versuche

Neuer Hoffnungsträger im Küstenschutz wurden in den 1960er-Jahren in Frankreich entwickelte Betonelemente, die – am Fuß der Dünen am Strand verlegt – bei Sturm als Wellenbrecher dienen sollten: Tetrapoden. Doch auch ihnen gelang es nicht, die Meeresgewalt zu stoppen. Mit bis zu sechs Tonnen Gewicht waren sie schlicht zu schwer für den Sylter Strand und versanken langsam im Sand. Mitte 2005 wurden die Vierfüßler aus Beton daher wieder entfernt, beispielsweise am Hörnumer Weststrand.

Starre Bauwerke, so zeigen die Erfahrungen, sind aufgrund der hohen Wellenenergie zum Schutz von Sylt nicht geeignet. Die wirksamste Maßnahme ist zugleich die teuerste: flexible Sandvorspülungen. Seit den 1980er-Jahren pumpt eine dänische Firma mit Saugbaggerschiffen, sogenannten Hopperbaggern, aus 15 Meter Tiefe Millionen Tonnen an Sand und verteilt ihn mit Bulldozern vor der Westküste. Bei der nächsten Sturmflut wird nur der vorgespülte Sand geraubt, nicht jedoch die eigentliche Küstenlinie Sylts verändert. Mehrere Millionen Euro kostet diese Aktion jedes Jahr: Im Winter wird der Sand mit Baggerschiffen aus der Fahrrinne zum Fähranleger Wittdün entnommen und mit vielen Spülleitungen vor der Süd- und Westküste der Insel verteilt – 2014/15 wurden beispielsweise 1,3 Millionen Kubikmeter Sand vor Sylt aufgespült. Mehr als 42 Millionen Kubikmeter Sand wurden seit 1972 insgesamt aus dem Meer gesaugt, aufgeschüttet – und

Für Urlauber ein faszinierendes Erlebnis, ist jede Sturmflut für Küstenschützer ein teurer Spaß (oben).

Nicht immer ist das Meer am Roten Kliff so friedlich (links).

wieder weggewaschen. Fast 150 Millionen Euro sind so versandet: Sisyphus à la Sylt.

Keine Rettung in Sicht?

Dennoch ist die Insel langfristig kaum zu retten. Dabei ist sie doch so wichtig als die Meeresgewalt mildernder „Wellenbrecher" vor dem Festland. Bereits 2050 werde Sylt in zwei Teile, im Jahr 3000 sogar in fünf Inseln zerfallen sein, sagen Wissenschaftler voraus. Verschärft wird das Problem durch den Klimawandel. Er sorgt häufiger für Stürme und Sturmfluten und lässt den Meeresspiegel steigen. Bis zum Jahr 2100 werde die Nordsee, so fürchten die Forscher, um 50 Zentimeter höher stehen als heute. Schon heute wirkt sich das Szenario auf die Versicherung von Immobilien auf der

Insel aus. Berühmt ist in diesem Zusammenhang das Haus Kliffende. Das reetgedeckte Anwesen, in dem Thomas Mann 1927 noch 50 Meter vom Strand entfernt nächtigte, stand nach einem Sturm 1999 direkt an der Kliffkante. Freigespült wurde beim Sturm auch Deutschlands erstes privates Küstenschutz-Projekt: mit Sand gefüllte

Polyester-Säcke, von der damaligen Hauseigentümerin Deutsche Bank als künstliche Düne und Barriere unterhalb des Kliffs gegen das Meer angelegt. Aber auch die Geotextilien verloren den Kampf gegen den Blanken Hans. Trotz der hohen Kosten hat sich inzwischen Föhr als zweite Insel für Sandaufspülungen entschieden.

Zum Weiterlesen

Werner Matthiesen, **Sylt – 700 Jahre Kampf der Friesen gegen den „Blanken Hans"** (Husum Verlag).

Sylts Sonnenseiten

Auch der Sylter Süden und Osten bieten Kontraste. Nur wenige Kilometer trennen die Inselmetropole Westerland mit Boutiquen, Bars und Nachtleben vom romantischen Dorf Keitum, den Jetset an der „Sansibar" von der vielgestaltigen Vogelwelt des Rantumbeckens und der sandigen Urgewalt an der Hörnumer Odde.

❶ Westerland

Der Aufstieg Westerlands (9032 Einw.) zur quirligen Inselmetropole begann 1855 mit der Eröffnung des Seebads. 1905 erhielt das damals mondänste Bad der Nordseeküste Stadtrecht. Seit den 1970er-Jahren dominieren Apartmentblöcke und Kuranlagen statt Stadtvillen und Friesenhäusern die einzige Stadt Sylts.

SEHENSWERT

Giftgrün begrüßen seit 2001 vier **Reisende Riesen** des Kieler Künstlers Martin Wolke die Besucher am Bahnhofsvorplatz. Vorbei am Wahrzeichen Wilhelmine führt die Flaniermeile **Friedrichstraße** zum Strand. Zentrum des alten Westerland ist die **St.-Niels-Kirche** (1635) mit gotischem Schnitzaltar (15. Jh.) und Kanzel von 1751. Auf dem **Friedhof** ruht neben dem Walfänger-Kapitän Lorenz Petersen de Hahn die Rantumerin Merret Lassen. Ertrunkene wurden dagegen in den Dünen vergraben, bis 1854 der Friedhof der Heimatlosen angelegt wurde (Ecke Käpt'n-Christiansen-Straße/Elisabethstraße).

MUSEUM

Fische aus Nordsee und Tropen tummeln sich im **Sylt-Aquarium** – durch die Unterwasserlandschaften „Korallenwelt" und „Helgoland" führen Tunnel (Gaard 33, Tel. 04651 8 36 25 22,

www.syltaquarium.de, tgl. 10.00–18.00 Uhr, Frw. 13,50 €).

AKTIVITÄTEN

Das **Erlebnisbad Sylter Welle** lockt mit Meerwasserwellen und vielerlei Angeboten auch den Nachwuchs (Strandstraße 33, Tel. 04651 99 80, www.sylterwelle.de, tgl. 10.00 bis 22.00 Uhr). Viele der 220 km langen Strecken des **Nordic Walking Park Sylt** verlaufen rund um Westerland. Die Heilkräfte des Meeres nutzen die Thalasso-Anwendungen im 4500 m² großen **Syltness Center** (Dr.-Nicolas-Straße 3, Tel. *0180 50 00 99 80, www.syltnesscenter.de).

NACHTLEBEN

Im historischen **Rathaus** (1897) lädt die kleinste **Spielbank** Deutschlands zu American Roulette, Blackjack und Poker (Andreas-Nielsen-Straße 1, Tel. 04651 23 04 50, http://spielbank-sh.de/Spielbanken/Sylt). An Strand- und Friedrichstraße reihen sich **Clubs** und **Diskotheken**, aber auch gemütliche Restaurants aneinander.

VERANSTALTUNGEN

Die Jahreshöhepunkte **Deutscher Windsurf Cup TOPZIEL** (Juli) und **World Cup Sylt** (Ende Sept./Anf. Okt.) sowie **Weihnachtsbaden** (26. Dez.) zeigen sich meerverbunden.

INFORMATION

Tourismus-Service, Strandstraße 35, 25980 Sylt (Westerland), Tel. 04651 99 80, www.westerland.de

❷ Keitum

Das schönste Friesendorf (ca. 1250 Einw.) der Insel, in dem Kapitäne und Walfänger niedrige Reetdachhäuser aus Backstein errichteten, ist fast autofrei. Hüfthohe Friesenwälle aus bemoosten Findlingen umrahmen blühende Gärten, Pferdekutschen klappern über Alleen: ein 800-jähriges romantisches Idyll, das seinen Preis hat.

SEHENSWERT

Auf einem Hügel nördl. des **Ortskerns TOPZIEL** erhebt sich seit dem 13. Jh. auf einem einstigen germanischen Kultplatz die **Kirche St. Severin** (Sandstein-Taufstein 13. Jh.,

Der Hindenburgdamm erschließt Sylt.

Renaissance-Kanzel um 1580). Ihr 26 m hoher Glockenturm diente Seefahrern als Landmarke, außerdem 200 Jahre lang als Inselgefängnis. Der jungsteinzeitliche Grabhügel **Tipkenhoog** bietet eine fantastische Fernsicht. Daneben liegt der vom Flughafen hierher versetzte **Harhoog**, ein Steinkreis mit Grabkammer (um 2500 v. Chr.). Deutschlands **nördlichsten Weinberg** hat das Rheingau-Weingut Balthasar Ress in Keitum angelegt. Auf dem Rebenhain reifen die frühreifen Sorten Solaris und Rivaner zu Weißweinen heran (www.balthasar-ress.de).

MUSEEN

Der **Heimatverein Söl'ring Foriining** – Söl ist das friesische Wort für Sylt – kümmert sich um Küsten- und Landschaftsschutz sowie um den Erhalt friesischen Kulturguts. Er betreut das Sylter Heimatmuseum und das Altfriesische Haus, den Wenningstedter Denghoog und die Kampener Vogelkoje (www.soelring-foriining.de). Inselgeschichte bis 1850 und Sylts große Männer, Uwe-Jens Lornsen (1793–1838) und Magnus Weidemann (Maler und Fotograf, 1880–1967), präsentiert das **Heimatmuseum** (Am Kliff 19, Tel. 04651 3 16 69, Ostern–Okt. Mo.–Fr. 10.00–17.00, Sa., So. und Fei. 11.00 bis 17.00, sonst Mi.–Sa. 12.00–16.00 Uhr, Erw. 5 €). Im **Altfriesischen Haus** (1739), urspr. Heim des 1879 verstorbenen Inselchronisten Chris-

---

tian Peter Hansen, lassen sich Mobiliar und Hausrat aus früheren Zeiten betrachten (Am Kliff 13, Tel. 04651 3 11 01, Öffnungszeiten wie Heimatmuseum). Im **Spritzenhaus** (1911) wird die örtliche Geschichte der Brandbekämpfung dokumentiert (C.-P.-Hansen-Allee, April–Okt. Di. 10.30–13.00 Uhr, Eintritt frei).

AKTIVITÄTEN

Kutschfahrten durch Keitum und Umgebung bietet Peter Störtebeker (Tel. 0175 207 43 00) an, **Ausritte** durch Wiesen und am Strand die Reitschule Grünhof (Süderstraße 80, Tel. 04651 312 08, www.gruenhof-sylt.de). Einer der schönsten **Wanderwege** der ganzen Insel führt vom Keitumer Kliffweg nach Kampen. Wellnessfans verwöhnt das **Syltness Center** mit seinem Day Spa Keitum (Gurtstig 23, Tel. *0180 046 51 99 81 12, www.syltness center.de, nach Vereinbarung Di. und Do. 9.25 bis 12.25 Uhr).

EINKAUFEN

Im **Hofladen** des Klöwenhoog bekommen Interessierte Käse aus der Region, Marmeladen und andere Köstlichkeiten (Hof Klöwenhoog, Siidik 6, Tel. 04651 326 60). Das **Kontorhaus Keitum** (Siidik 15, Tel. 04651 44 99 290, www. KontorhausKeitum.de) bietet Teekultur- und genuss vom Feinsten, ein modernes Gästehaus und diverse kulturelle Veranstaltungen.

VERANSTALTUNGEN

Immer mittwochs erklingen **Orgelkonzerte** in St. Severin (20.15 Uhr). Seit 1920 findet jedes Jahr im Juli das berühmte **Keitumer Ringreiten** statt.

UMGEBUNG

Mit Supermärkten, Autohäusern und Möbelgeschäften zeigt sich **Tinnum** für viele als „Industrievorort" Westerlands. Doch südlich der Schienen liegt ein dörfliches Tinnum mit begrünten Gassen um die Alte Landvogtei (1649). Der 8 m hohe Wall der Tinnum-Burg wurde um Christi Geburt angelegt – und ist heute beim Biikebrennen beliebter Aussichtspunkt. Familien lieben den **Tierpark** (Ringweg 100, Tel. 04651 3 26 01, www.syltmail.de/tierpark_tinnum, April–Okt. tgl. 10.00–19.00 Uhr, Erw. 13 €). Von 1860 bis zum Bau des Hindenburgdamms 1927 war **Munkmarsch** der wichtigste Hafen der Insel – heute lädt das Fährhaus in der Nähe des Jachthafens zu Gourmetmenüs (Heefwai 1, Tel. 04651 9 39 70, www.faehrhaus-hotel-collection.de).

INFORMATION

Tourist-Information Keitum,
Gurtstig 23, 25980 Sylt/Keitum,
Tel. 04751 99 80, www.keitum.de

Ältestes Gotteshaus: St. Martin in Morsum (oben), Geologie zum Anfassen am Morsum-Kliff (rechts oben), Strand von Hörnum (rechts unten)

③ Morsum

Der nach dem Hindenburgdamm erste Ort (1100 Einw.) auf der Insel ist zugleich ihr ursprünglichster. Noch vor 100 Jahren sprachen die meisten Bewohner der bereits im 9. Jh. entstandenen Siedlung nur Friesisch, und bis heute erscheinen die Straßennamen weitgehend in dieser Sprache – beispielsweise Dikwai für Deichweg, Serkwai für Kirchweg.

SEHENSWERT

Wahrzeichen Morsums ist das alte **Eisboot** am Ortseingang, mit dem bis 1923 die Post vom Festland transportiert wurde. **St. Martin** (1190) mit meterdicken Mauern und frei stehendem Glockenturm ist das älteste Sylter Gotteshaus.

UMGEBUNG

Geologisch einmalig ist das **Morsum-Kliff** (s. Aktiv, S. 53). **Archsum** (300 Einw.), kleinster und ruhigster Ort der Insel, lädt zu Spaziergängen auf dem 1937 erbauten Nösse-Deich ein. Im Zentrum wurden Reste einer Siedlung freigelegt, die vor 2000 Jahren in einem 8 m hohen und 70 m breiten Ringwall angelegt war.

INFORMATION

Tourist-Information, Bii Miren 17,
25980 Sylt/Morsum, Tel. 04651 89 07 32,
www.morsum.de

④ Rantum

Nur 600 m trennen in Rantum Nordsee und Wattenmeer. Der Ort an der schmalsten Stelle der Insel war oftmals Opfer der Naturgewalten. Äcker wurden von der See, durch Sandstürme und Wanderdünen zerstört, nach 1100 war das Dorf (500 Einw.) dreimal unter Sandmassen begraben. Heute gilt das einstige Armenhaus der Insel mit Reetdachhäusern und angesagten Lokalen als „Klein-Kampen".

SEHENSWERT

Aus 650 m Tiefe fördert die **Sylt-Quelle** (Hafenstraße 1, www.sylt-quelle.de) seit 1993 jodhaltiges Mineralwasser. Das Abfüllwerk ist zugleich das größte Kulturzentrum der Insel: Betitelt als **kunst:raum** (www.krsq.de) unterhält es mit Lesungen und Konzerten. Im Juli und Aug. gastiert das **Meerkabarett** (www.meerkabarett.de).

AKTIVITÄTEN

Per Rad oder zu Fuß lässt sich auf dem 9 km langen Deich das **Rantumbecken** umrunden. Das 1962 eingerichtete Vogelschutzgebiet entstand 1937 durch die Eindeichung von 568 ha der Steidumbucht als Wasserflughafen. Führungen bietet der Verein Jordsand an (Tel. 04651 58 12, www. jordsand.de, April–Okt. Di. bis So. 10.00 Uhr ab Eidumer Vogelkoje). Eine beliebte **Wattwanderung** führt von Rantum nach Hörnum (Infos bei der Tourist-Information).

UMGEBUNG

Die **Eidumer Vogelkoje** nordwestlich des Rantumbeckens diente dem Entenfang; Führungen bietet der Verein Jordsand an (Tel. 04651 58 12, www.jordsand.de, April–Okt. Di., Fr., Sa. und So. 10.00 Uhr).

INFORMATION

Tourist-Information, Strandweg 7, 25980 Sylt (Rantum), Tel. 04651 80 70, www.rantum.de

⑤ Hörnum

Südlichster und jüngster Ort der Insel ist der Hafen Hörnum, dreiseitig vom Meer umgeben, das die Insel ständig schrumpfen lässt. Jahrzehntelang dominierte Familienurlaub die um 1425 gegründete, knapp 850 Einwohner große Gemeinde. Seit Abzug der Bundeswehr 1994 wird in den Luxustourismus investiert.

Noch vor 100 Jahren sprachen die meisten Bewohner des bereits im 9. Jh. entstandenen Orts Morsum nur Friesisch.

SEHENSWERT

St. Thomas, Schleswig-Holsteins jüngste denkmalgeschützte Kirche (1970), zeigt ein Modell des Raddampfers „Cobra". Der gusseiserne **Leuchtturm** (1907) barg 1914–1933 Deutschlands kleinste Schule – heute können sich Heiratswillige hier trauen lassen (Führungen Mo., Mi., Do. und Fr. 9.30, 10.30 und 11.30 Uhr, Trauungen: Ostern–Okt. Fr. und Mo. Nachmittag).

MUSEUM

Eine Einführung in die Sylter Natur bietet die **Schutzstation Wattenmeer** (Rantumer Straße 27, Tel. 04651 88 10 93, www.schutzstation-wattenmeer.de/unsere-stationen/hoernum-sylt, Ostern, Weihnachtsferien, Biike-Woche und April–Okt. tgl. 10.00–18.00 Uhr).

AKTIVITÄTEN

Im Rahmen von **Wanderungen** umrundet man die **Hörnumer Odde** TOPZIEL, die Südspitze Sylts – auf eigene Faust oder mit der Schutzstation Wattenmeer (s. o.). **Katamaran-Schnuppersegelkurse** bietet der Sylter Catamaran Club (www.sylter-catamaran-club.de). Auf dem ehem. Gelände der Pidder-Lüng-Kaserne lockt das Fünfsternehaus „Budersand Hotel" mit exklusivem Spa und **18-Loch-Golfplatz** (www.budersand.de). **Wattwanderungen** verbinden die Insel mit Amrum (Infos beim Tourismus-Service). **Schiffsausflüge** führen nach Helgoland, Amrum, Föhr, zu den Halligen und den Seehundsbänken (www.adler-schiffe.de, S. 116).

VERANSTALTUNGEN

Der **Inselmarathon Sylt-Lauf** führt von Hörnum nach List (Frühjahr). Die **Hafentage** Ende Juni sind so unterhaltsam wie das Musiktheater im **Hörnumer Theatersommer** Ende Juli.

INFORMATION

Tourismus-Service, Rantumer Straße 20, 25997 Hörnum/Sylt, Tel. 04651 9 62 60, www.hoernum.de

Tipp

Hütte in den Dünen

Wer hier nicht war, war nicht auf Sylt – so heißt es. In Herbert Secklers „Hütte in den Dünen" 3 km südl. von Rantum trifft man sich, nippt an einem der 1400 Tropfen aus dem größten Weinkeller der Insel und stärkt sich bei Currywurst, Kaiserschmarrn oder Kaviar.

RESTAURANT SANSIBAR
Tel. 0465196 46 46, www.sansibar.de, Hauptstraße nach Hörnum/Strandübergang Sansibar

Genießen   Erleben   Erfahren

Geologie am Morsum-Kliff

Am Morsum-Kliff gibt Sylt seine Entstehungsgeschichte preis: Nicht der legendenhafte Kapitän des mythischen Riesenschiffs „Manigfuald", der, vor Esbjerg gestrandet und gen Süden durch das Wattenmeer gelaufen, im zähen Schlick seine Schuhsohle verloren hatte, war Baumeister der Insel, sondern die Eiszeit.

Sylts Fundament ist ein Geestkörper und entstand im tropischen Klima des Tertiärs vor mehreren zehn Millionen Jahren aus drei Schichten: aus graublauem Glimmerton aus der Ur-Nordsee, rotbraun gefärbtem Limonitsandstein aus der Brandungszone des Meeres und weißem Kaolinsand als Transportgut skandinavischer Flüsse. Doch dann trat die Saale-Eiszeit mit ihren kilometerdicken Gletschern auf, stauchte die Schichten, faltete sie auf. Später kam die Erosion durch Wind und Wellen und sorgte dafür, dass die Insel heute besonders im Licht der tief stehenden Sonne in warmen Erdtönen leuchtet. Mit Glück lassen sich auch Fossilien im 1,8 Kilometer langen Kliff entdecken. Bereits seit 1923 ist es ein 39 Hektar großes Naturschutzgebiet.

Seine Geologie lässt sich – allein oder geführt – am besten vom Strand aus entdecken, die Vegetation am besten auf Bohlenwegen, die durch die Heideflächen auf dem 21 Meter hohen Kliff führen – Lebensraum für seltene Pflanzen wie Lungen-Enzian, Europäische Ährenlilie und Sumpfblutauge. Und von der Abbruchkante schweift der Blick weit über das Watt bis zu den Häusern von Keitum.

Weitere Informationen

Geologische Kliffführungen: Treff Infopavillon, Dauer ca. 2 Std., April–Sept. Mo., Mi., Fr. 11.00 Uhr, Tel. 04651 4 44 21, Erw. 6 €

Informationen: www.naturschutz-sylt.de Karte: Kompass WK 701 im Maßstab 1 : 50 000, Insel Sylt mit Ortsplänen, ISBN 978-3-85491-140-1

Eine Tour zum Morsum-Kliff gewährt einen Einblick in die Entstehungsgeschichte Sylts – vielleicht sieht man ja nicht nur Landschaft, sondern erspäht sogar Fossilien?

Traumhafte Strände

Wie ein dicker Halbmond liegt sie im Wattenmeer: Amrum, die waldreichste und wohl ursprünglichste Insel der deutschen Nordsee. Als „Geliebte des Blanken Hans" gibt ihr das Meer, was es anderswo nimmt: feinsten Sand für traumhafte Strände.

Fischer-Ambiente kultivieren Amrums Ferienhäuser in Steenodde.

Der Amrumer Strand von Norddorf ist vor allem bei Familien beliebt,
denn am Kniepsand gibt es auch bei Ebbe Wasser in Hülle und Fülle.

Zweiundzwanzig Kilometer – oder 90 Fährminuten – trennen das 30 Quadratkilometer große Eiland vom Festland. Unzählige Sandbänke machten und machen die Seefahrt zum heiklen Unterfangen. 1875 wurde daher bei Süddorf der mit 63 Meter Feuerhöhe höchste Leuchtturm an der deutschen Nordseeküste in Betrieb genommen – eher zum Leidwesen der Insulaner. Sie hatten von den Schiffsunglücken vor ihrer Küste recht einträglich gelebt. Beim „Strandlaufen" brachten sie angeschwemmte Fundstücke vor den staatlichen Strandvögten „in Sicherheit". Mit falschen Leuchtfeuern halfen sie bei vielen von mehr als 400 Strandungsfällen vor der Insel ein wenig nach und lenkten die Schiffe in den weiten, der Insel vorgelagerten Kniepsand. Um das Schicksal der Schiffbrüchigen kümmerten sich die Insulaner erst nach 1865, als erste Seenotrettungsboote zum Einsatz kamen. Dennoch blieb das Meer ein gefährlicher Arbeitsplatz.

Sprechende Grabsteine

Jeder vierte Amrumer war auf holländischen oder englischen Schiffen beim Walfang oder Robbenschlag vor Grönland dabei – viele kehrten nie zurück. Die Geschichte ihrer Beutezüge ins Polarmeer erzählen „sprechende Grabsteine". Allein 90 stehen auf dem Friedhof der St.-Clemens-Kirche in Nebel. Ein Turban schmückt den Stein von Hark Olufs. Als 16-jähriger Matrose war er von Piraten bei den Scilly Islands entführt und in Algier als Sklave verkauft worden – ein nicht ungewöhnliches Seemannsschicksal in jener Zeit. Bei seinem neuen Herrn, einem Bey im algerischen Constantine, machte er Karriere und stieg zum Schatzmeister und Kommandeur von dessen Leibgarde auf. Als er 1735 als 27-jähriger reicher Mann in seine Heimat zurückkehrte, wollte ihn der dänische König anwerben – er jedoch lehnte ab. Stattdessen wurde Olufs Strandvogt, hatte mit Antje Harken fünf Kinder und starb 1754.

Seit über 200 Jahren arbeitet die Nebeler Windmühle. Sie war über Jahrzehnte zugleich Seezeichen für die Amrumer Schiffer. Im heute musealen
Öömrang Hüs hat einer von ihnen seine Schmack,
einen Küstensegler, als Fliese verewigt. Lebendig
blieb dagegen das Brauchtum, zu dessen Pflege das
Tragen der Amrumer Tracht gehört.

Das typische Friesenhaus Öömrang Hüs ist heute Heimstatt des Amrumer Heimat-
und Kulturvereins und ein Museum zur friesischen Wohnkultur.

Unerkannte Prominenz

So wie Olufs errichteten auch viele
Kapitäne, im Goldenen Zeitalter des
Walfangs zu Wohlstand gekommen, in
Nebel stattliche Friesenhäuser. Weiß
getüncht und reetgedeckt, machen sie
das „neue Dorf" zum schönsten Ort der
Insel. Stockrosen blühen in den Vorgär-
ten, Sprossenfenster und bunt bemalte
Haustüren strahlen große Gemütlichkeit
aus. Heute zählen diese alten Friesenhäuser zu den begehrtesten Domizilen
der Insel. Ihre Nummerierung erhielten
sie Ende des 18. Jahrhunderts. Mit Num-
mer 14 hat sich Peer Schmidt – bekannt
als deutsche Stimme von Jean-Paul
Belmondo – einen Traum erfüllt, nur ein

Stück weiter verbringen die Sängerin
Katja Ebstein und Quizmaster Jörg Pi-
lawa ihre Ferien.

Mitten auf dem Strand erhebt sich die
„Villa Kunterbunt" des Berliner Künstlers Otfried Schwarz, „Panscho" genannt.
Als dessen Treibholz-Installation Opfer
eines Orkans wurde, kaufte das Alto-
naer Museum aus Hamburg das Objekt.
Doch während die Prominenz auf Sylt
eine solche Auszeichnung zum Anlass
für Partys nähme, fehlt auf Amrum jegli-
ches Chichi. Wer hierher fährt, will nicht
gesehen werden, sondern unerkannt entspannen, in aller Ruhe. Selbst zu Silvester geht es daher still zu: Amrum feiert
den Jahreswechsel ohne Böller.

Pastoren als Bädergründer

Auf Amrum entwickelte sich der Tourismus später als an anderen deutschen
Küsten – und unter anderen Vorzeichen:
Als in den 1880er-Jahren die ersten Vor-
schläge für die Anlage von Seebädern
auftauchten, wandte sich der damalige
Inselpastor Wilhelm Tamsen an die
Innere Mission und bat, den rundum
augenfälligen Verfall der Sitten durch
die Einrichtung eines christlichen See-
hospizes für Erholungsbedürftige auf
Amrum aufzuhalten. Friedrich von Bodelschwingh reiste daraufhin 1888 auf
die Insel und sah noch, wie in Norddorf
die Nordseebrandung ungehindert an
die Küste schlug – erst 50 Jahre später

Das Norddorfer „Hotel Hüttmann" sorgt noch
immer gut für das Wohl seiner Gäste.

Das Naturzentrum Norddorf sorgt für Durchblick.

Amrum ist eine relativ stille Insel: Hauptstraßenverkehr in Nebel.

Menschen

Special

Wer könnte es besser?

Er ist ein echtes Amrumer Original: Schon als kleiner Junge durchstreifte Georg Quedens die Dünen, um Möweneier zu sammeln. Später fing er Wildkaninchen, angelte Schollen, betätigte sich als Strandräuber – und entdeckte seine Liebe zur Natur.

Quedens beobachtete und fotografierte sie, veröffentlichte seine Bilder und Beobachtungen, Histörchen und historischen Fundstücke in mehr als 100 Natur-, Biologie- und Geschichtsbüchern und diversen Bildbänden. Als „Mr. Nordsee" wurde er zum bekanntesten und beliebtesten Chronisten Nordfrieslands – und 2004 für seine ehrenamtlichen kulturellen Leistungen mit dem Hans-Mommsen-Preis ausgezeichnet.

Ein Muss bei Amrum-Urlaubern sind die Diavorträge, die der bald Achtzigjährige dreimal pro Woche über die Insel und ihre Umgebung hält. Vor ausverkauftem Saal erzählt

Georg Quedens in Aktion

der zierliche Mann, dessen Familie seit 1734 auf Amrum lebt, Inseldönekes und Strandräuberpistolen, er schnarrt und dröhnt, er flüstert, verharrt, kneift seine kleinen Augen zusammen und präsentiert anderthalb Stunden lang Dias zu „Nordsee ist Mordsee", „Amrums alte Zeiten" oder „Unsere Seevögel". Das Publikum ist hingerissen.

legte sich der Kniepsand auf seiner Nordwanderung auch vor den Norddorfer Strand. 1890 eröffnete Bodelschwingh das erste Seehospiz, 1905 das vierte und letzte. Doch auch Norddorf blieb von sündhaftem Treiben nicht verschont: Hüttmanns 1892 eröffnetes Hotel besaß Theke und Tanzsaal – welch eine Verlockung für Erholungssuchende, die bis heute dort Badegäste – und nicht Touristen – heißen!

Anders verlief die Entwicklung in Wittdün auf Amrum. Der jüngste Inselort ist ab 1889 buchstäblich aus dem weißen Sand erwachsen. „Weiße Düne" hieß daher auch das erste Hotel, das der Amrumer Kapitän Volkert Martin Quedens an der bis dahin noch unbebauten Südostspitze der Insel errichtete. Auf der Strandpromenade lustwandelten Damen in Rüschenkleidern und Hüten mit riesigen Rändern, während die Herren zum Gruß ihre „Prinz-Heinrich-Mützen" lüpften. Villen und Logierhäuser entstanden, eine Strandhalle thronte sturmflutsicher auf hohen Pfählen, und am Strand unterhielt eine Blaskapelle die Gäste. Zu den gezeitenunabhängigen Badeanlagen am Kniep ratterte eine Inselbahn. Doch der Aufschwung als Badeort währte nur kurz: Nach zwei verregneten Sommern musste die Aktiengesellschaft Wittdün-Amrum Konkurs anmelden. Die

Wattwanderer auf dem Weg nach Föhr

Mitten in den Amrumer Dünen steht bei Norddorf
das kleinere Quermarkenfeuer.

Der Amrumer Leuchtturm bei Süddorf ist nicht nur der älteste an der deutschen Nordseeküste, sondern ragt auch am höchsten auf.

In Amrums Dünenwelt ist man auf dem Holzweg richtig.

Wittdüner verarmten, denn es gab keine alternativen Erwerbsmöglichkeiten zum Badebetrieb – Landwirtschaft ist nur auf einer Fläche von 120 Hektar im Osten der Insel möglich.

Eine Insel wie ein Kontinent

Die Brennholzbeschaffungsmaßnahmen bescherten „Oomram", wie es auf Friesisch heißt, nach dem Zweiten Weltkrieg eine umfangreiche Aufforstung. Mit 200 Hektar wurde Amrum zur waldreichsten deutschen Nordseeinsel – und einem Eiland, das auf engem Raum die Naturlandschaften Nordfrieslands präsentiert: Salzwiesen und Watt im Osten, Pferdekoppeln und Feldmark im Norden, Europas breitesten Sandstrand und Wanderdünen im Westen. Als sanft gewellter Kranz, der sich zwischen der Vogelkoje und Nebel-Westerheide bis zu 32 Meter hoch aufschwingt, säumen sie den gesamten Strand. Entstanden sind sie jedoch erst im 12. Jahrhundert, als sich wohl wegen des niedrigeren Meeresspiegels mehr und mehr Sand aus der Nordsee auf der Insel anzuhäufen begann. Der Seesand wanderte über die halbe Insel hin und begrub alles, was im Weg lag – die Grabkammern aus mächtigen Findlingen, die Hügelgräber der Bronzezeit und die Wohnplätze der Wikinger. Erst die gezielte Bepflanzung

mit Strandhafer und anderen Pionierpflanzen konnte den Sandflug eindämmen. Urlandschaft der Insel ist jedoch die Heide, die im August in leuchtendem Rosa und Lila die Braundünen bedeckt. Die einzigartige Schönheit der Insel lockte auch immer wieder Filmemacher an. 2008 entstand am Amrumer Strand die Teenager-Romanze „Sommer" mit Jimi Blue Ochsenknecht, 2009 drehte Roman Polanski mit Pierce Brosnan auf Amrum Szenen seines Polit-Thrillers „The Ghostwriter".

Hier tanzen nur die Frauen

Heimatverbunden geht es bei der Amrumer Trachtengruppe zu, wenn auch Polka, Walzer und selbst Square

Die Wurzeln der Friesentracht liegen im fernen Portugal: Erst um 1800 wurde die heutige Tracht von den seefahrenden Männern mitgebracht. Auffällig ist der umfangreiche Brustschmuck. In der Mitte ist die Gliederkette mit den Symbolen Kreuz, Herz und Anker verziert: Glaube, Liebe, Hoffnung. Die heute weiße Batistschürze war im 19. Jahrhundert noch genauso schwarz wie das Mieder, das Dreiecktuch und der in 60 Falten gelegte Rock, der beim Tanz weit schwingt.

Ob eine Frau noch zu haben war, verriet ein Blick unter das mit einer Blumenbordüre bestickte Kopftuch – war dort ein rotes Häubchen zu sehen, war die Friesin bereits verheiratet. Bis

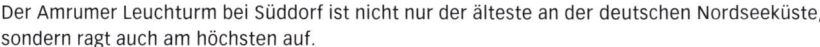

Wer hierher fährt, will unerkannt entspannen, in Ruhe.

Dance zu den mehr als 200 Tänzen des Repertoires gehören. Seit 35 Jahren begeistert die hiesige Trachtengruppe bei vielen öffentlichen Veranstaltungen die Zuschauer. Gekleidet sind die 30 tanzfreudigen Inselfrauen und ihre Leiterin Marret Dethlefsen dabei in die typische Amrumer Tracht.

heute wird die Amrumer Tracht zu feierlichen Anlässen getragen – doch nur von den Frauen. Eine Männertracht gibt es nicht. Als die Trachtengruppe einmal eine erfand, war sie den Männern nach jedem Winter wieder zu eng – so wird jedenfalls kolportiert. Und so tanzen auf den Inseln nur die Frauen.

Lieblingsplätze im Freien

Sonne, Salz und Wind im Haar

Ob mit einem Cappuccino, einem Cocktail oder einfach nur einer traumhaften Aussicht – Places to be gibt es auf den Nordfriesischen Inseln nicht zu knapp. Wir haben im Folgenden unsere zehn Favoriten zusammengestellt.

1 L.A. Sylt

In den berühmten Sylter Strandbars trifft sich die Szene: Hier, im L.A. Sylt, wie sich die Lister Austernperle nennt, chillt man fernab vom Schickimicki, genießt gute grundsolide Küche und feine Drinks zu fairen Preisen. Von der Veranda der Strandbar schweift der Blick über den Oststrand und von den Körben weit über die Wattseite von Sylt.

Mannemorsumtal, List Strandpromenade zwischen Hafen und Oststrand Tel. 04651 2 99 93 96 tgl. ab 10.30 Uhr

2 Restaurant Sansibar

Abends weisen Solarleuchten den Weg, erhellt Fackelschein die Tische und Mondlicht die Dünen: Die Sansibar von Herbert Seckler südlich von Rantum ist seit Jahrzehnten nicht nur der In-Treff auf Sylt, sondern einer der romantischsten Orte der Insel. Bis spätnachts genießt man in den Dünen das Dolce Vita, kostet einen der 1400 Tropfen aus dem größten Weinkeller der Insel und stärkt sich bei Kaiserschmarrn oder Kaviar, Seezunge, Scholle oder Scampis.

Hörnumer Straße 80 Rantum, Tel. 04651 96 46 46 www.sansibar.de tgl. ab 10.30 Uhr (mittags auch ohne Reservierung)

3 Uwe-Düne

Eine Holztreppe mit 110 Stufen führt seit fast 100 Jahren hinauf auf Sylts höchste Spitze: Von der 52,5 m hohen Uwe-Düne, die nur 300 m vom Roten Kliff aufragt, schweift der Blick weit über den Sylter Norden bis hin zur dänischen Nachbarinsel Rømø. Mit dem Münzfernglas auf dem Gipfel kann man – das behaupten jedenfalls die Kampener Kinder – sogar bis nach England gucken! Benannt wurde die eindrucksvolle Düne nach dem Sylter Uwe Jens Lornsen (1793 – 1838) der im brasilianischen Exil die Unions-Verfassung Dänemarks und Schleswig-Holsteins schrieb, ehe er sich 1838 am Genfer See das Leben nahm.

4 Kniepsandhausen

Während in Norddorf und Nebel Strandkörbe am Strand stehen, ist der Kniepsand bei Wittdün ein Robinson-Crusoe-Strand, auf dem alljährlich im Sommer Kniepsandhausen entsteht, eine Sommersiedlung aus Treibholz und anderen Fundstücken. Ihr Bau beginnt im Juni, Ende August wird das Baumaterial im Sand vergraben und markiert bis zum nächsten Sommer. Die Bewohner sind eine eingeschworene Gemeinschaft – und wählen sogar einen Bürgermeister. Die Geschichte der Strandhütten hat Birgit Peters in ihrem Buch *Kniepsandgeschichten* verewigt.

5 Strand 33

Bis nach Sylt reicht der Blick von der Terrasse des Restaurants Strand 33, deren unterer Bereich als Lounge gestaltet ist. Zur grundsoliden internationalen Küche servieren die Inhaber besonders gerne Weine aus ihrem Lieblingsland Südafrika. Und das in ganz besonderen Gläsern: Bei Wein und Wasser erhalten weibliche Gäste rosa getönte, männliche Gäste grünfarbene Gläser.

Strunwai 33, Norddorf auf Amrum, Tel. 04682 96 15 55 www.strand33.de

7 Schapers

Eigentlich ist Schapers eine Windsurfing- und Wassersportschule mit kleinem Bistro. Doch das ist längst auch bei Nichtsurfern Kult. Denn freitags und samstags wird am Südstrand gerockt! Von 19.00 bis 22.00 Uhr gibt es Livemusik zu Bratwurst vom Grill und köstlichen Cocktails, gemixt und genossen mit den Füßen im Sand. Die Songs der Bands, die bereits auf den legendären Beach Partys performten, gibt es seit 2014 auf CD unter www.new tone.de oder direkt im Schapers an der Theke.

6 Strandpirat Amrum

Einige Fahrradminuten von Nebel entfernt, versteckt sich in den Dünen der Strandpirat von Meike und Sven Richter. Am Kiosk gibt es Coffee & Pommes to go, auf der Terrasse „Seemannsgarn" (Nudeln), „Große Beute aus dem Meer" (Bootsmann-Pannfisch, Nordseekrabben, Heringe) und den „Kapitänsteller", auf dem sich eine Riesengarnele zu Schwein, Rind und Pute gesellt.

Strunwai 44, Nebel auf Amrum, Tel. 04682 96 81 20 www.strandpirat-amrum.de

Promenade 20, Wyk auf Föhr Tel. 04681 58 00 87 www.schapers.net

8 Café Anticus

Nicht am Strand, sondern in einem charmanten Innenhof verwöhnt auf Pellworm das Café Anticus seine Gäste mit außergewöhnlichen Torten wie Holunderblütentarte, Balsamico-Schokoladentarte und Champagnertorte mit Äpfeln. Sollte es einmal tröpfeln, wird im nostalgischen Ambiente der guten Stube serviert. Immer im Angebot sind gluten- und oft auch lactosefreie Kreationen. Unsere Empfehlung: der Orangen-Mandelkuchen!

Nordermitteldeich 61 Pellworm Tel. 04844 9 90 51 64 http://cafe-pellworm.de

9 Pharisäerhof

Im altfriesischen Strohdachhaus im Elisabeth-Sophien-Koog wurde das unangefochtene Lieblingsgetränk der Nordstrander, der Pharisäer, erfunden. Und bis heute schmeckt er nirgendwo so gut wie hier – im Sommer im gemütlichen Kaffeegarten mit Blick auf dickes Reet und blühende Rosen. Bis heute ist der Pharisäerhof nicht nur ein Gasthof, sondern auch ein aktiv bewirtschafteter Bauernhof, der im einstigen Stall einen Hofladen eingerichtet hat.

Elisabeth-Sophien-Koog 3, Nordstrand, Tel. 04842 3 53 http://pharisaeerhof.de

10 Sandbank-Picknick

In meiner Jugend ritt ich auf Pferden dorthin, als Erwachsene wurde er mein Lieblingsplatz für ein Sommerpicknick: der Japsand. Sobald die Flut sich zurückzieht, marschiert man hinüber zur riesigen Sandbank, die sich 2 km westlich von Hooge rund 1 m über dem mittleren Tidenhochwasser erhebt. Achtung: Betreten werden darf nur die Nordspitze! Der übrige Teil des Hochsandes, durch eine Pfahlreihe abgetrennt, gehört zur Schutzzone 1 des Nationalparks.

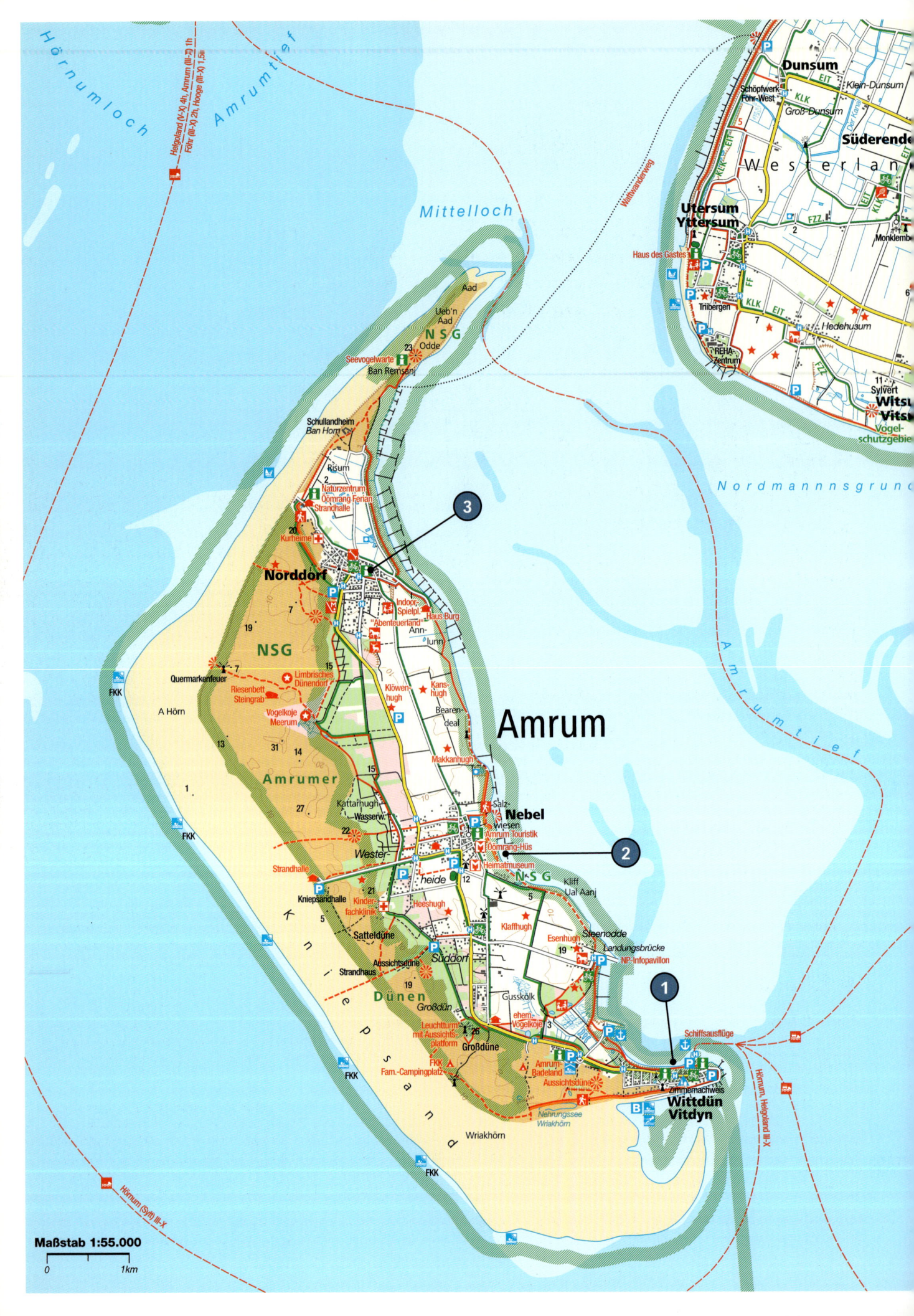

Ferien, so weit das Auge reicht

Amrum ist eine Insel der Weite und Freiheit. Im Westen brandet die Nordsee an den Kniepsand. Dahinter türmen sich Dünen auf, die auf Wald und Heide stoßen, in Wiesen und Weiden übergehen, um im Osten schließlich ans Wattenmeer zu grenzen. Ursprünglich wie die Natur sind auch Amrums reetgedeckte Dörfer.

❶ Wittdün auf Amrum

Das heutige Fährdorf der Insel (736 Einw.; fries. Witjdün) ist seit 1889 Seeheilbad und an drei Seiten von Wasser umgeben. Gegründet wurde der Badetourismus von Volkert Quedens, der an der Südspitze der Insel 1890 ein Hotel und eine Landungsbrücke erbaute. Die Insulaner sahen das Treiben erst skeptisch, hatte das Baden im Meer doch etwas „Unsittliches".

SEHENSWERT

Das alte Infozentrum der Schutzstation Wattenmeer wurde 2015 abgerissen, ein neuer Standort wird gesucht. Um die Südspitze Wittdüns führt die **Wandelbahn**; die Strandpromenade wurde als Uferschutzmauer gegen Sturmfluten gebaut (1914–1921) und mittlerweile erneuert.

AKTIVITÄTEN

Die **Amrumer Inselbahn** präsentiert in 70 Min. auf einer 25 km großen Runde die Inselhöhepunkte (ab Fähranleger Wittdün, www.hotel-friedrichs.com/inselbahn.html, April–Nov. 11.00, 12.45 und 14.15 Uhr). Zum **Radeln** laden 144 km markierte Wege ein. An ungemütlichen Tagen lockt das **Amrum Badeland** u. a. mit Wellenbad, Sauna und Kinderbecken sowie ThalassoZentrum (Am Schwimmbad 1, Tel. 04682 94 34 31, atw.amrum.org, tgl. 10.00–18.00 Uhr). **Schiffstouren** nach Föhr und zu den Halligen Langeneß und Hooge veranstaltet die W. D. R., nach Sylt geht es in Kooperation mit den Adler-Schiffen (Wyker Dampfschiffs-Reederei Föhr-Amrum GmbH, 25938 Wyk auf Föhr, Am Fähranleger 1, Tel. 04681 800, www.faehre.de, www.adler-schiffe.de). Um den Dünensee Wriakhörn führt ein **Naturlehrpfad**. Angeboten werden Watterkundungen in der Kniepbucht, Strandwanderungen auf dem Kniepsand, Vogelbeobachtung am Norddörfer Teerdeich, Exkursionen zur Nebeler Salzwiese und Diavorträge der Schutzstation Wattenmeer (www.schutzstation-wattenmeer.de/unsere-stationen/amrum).

NACHTLEBEN

In-Treff der Insel ist abends die **Blaue Maus**, in der Wirt „Janniemaus" bis spätnachts den Discjockey spielt (Inselstraße 107, Tel. 04682 20 40, www.blauemaus-amrum.de).

Gelegenheit zum Baden: Flut am Kniepsand (oben), geführte Wattwanderung (rechts oben), Radfahren auf dem Deich (rechts unten)

INFORMATION

AmrumTouristik, Inselstraße 14; Am Schwimmbad 1, 25946 Wittdün auf Amrum, Tel. 04682 940 30, www.amrum.de

❷ Nebel

Mit seinen reetgedeckten Friesenhäusern, den Feldsteinwällen und blühenden Stockrosen hat das größte Dorf (934 Einw.; fries. Neebel) der Insel trotz allen Trubels urfriesische Gemütlichkeit bewahrt. Sein Name leitet sich nicht von dem Wetterphänomen ab, sondern von den Worten „nei" (neu) und „bol" (Siedlung) – denn Nebel wurde erst Anfang des 16. Jh.s gegründet.

SEHENSWERT

Ältestes Gotteshaus der Insel ist die urspr. romanische, 1236 geweihte **St.-Clemens-Kirche**, die 1908 ihren 36 m hohen Glockenturm erhielt und in der Mitte zwischen den Siedlungen Nord- und Süddorf errichtet wurde. Zu ihren Kunstschätzen gehören ein Taufstein aus dem 13. Jh. und die frühgotische Apostelgruppe „Das himmlische Abendmahl", angeblich einst bei einer Sturmflut angeschwemmt. Auf dem **Friedhof TOPZIEL** von Nebel berichten 90 „sprechende" Grabsteine von den Lebensgeschichten berühmter Insulaner wie Hark Olufs (1708–1754). Die unzähligen namenlosen Wasserleichen dagegen wurden auf dem Friedhof der Heimatlosen gegenüber der Erdholländer-Windmühle beerdigt.

MUSEEN

In der **Nebeler Windmühle**, bis heute noch funktionstüchtig und vor Errichtung des Leuchtturms zugleich Seezeichen, wurden von 1771 bis 1963 Graupen geschält und Korn gemahlen. Der angegliederte Schuppen beherbergt heute das **Amrumer Museum**, das die Geschichte der Mühle, Flora und Fauna von Insel und Meer, vor- und frühgeschichtliche Funde sowie volkskundliche Gegenstände aus-

stellt (Ualjaat 4, Tel. 04682 872, www.amrumer
-windmuehle.com, April–Okt. tgl. 10.30–13.00,
14.30–17.00, Mo. bis 16.00, So. ab 11.00 Uhr,
Eintritt frei). In der Mühle kann man heiraten.
Wohnkultur vergangener Tage zeigt das **Öömrang Hüs**, ein Friesenhaus von 1736, heute im
Besitz des Heimat- und Kulturvereins Öömrang
Ferian. Das Schmackschiff des einstigen Be-
sitzers, eines Küstensegler-Kapitäns, ist unter
vollen Segeln auf der Fliesenwand im Pesel zu
sehen. Die gute Stube diente zugleich als
Schlafkammer – das verraten zwei Alkoven mit
Sitzbetten (Waaswai 1, Tel. 04682 10 11, www.
oeoemrang-hues.de, Hauptsaison Mo.–Sa.
11.00–13.30 und 15.00–17.00, Nebensaison
Mo.–Fr. 15.00–17.00 Uhr, Spende erbeten).

AKTIVITÄTEN

Entlang der Westküste der Insel bedeckt der
Kniepsand TOPZIEL rund 10 km² und bietet
beste Voraussetzungen für einen Badeurlaub;
von allen Orten sind die Wege dorthin kurz.
Es werden **Ausritte** am Strand mit Island-
pferden veranstaltet (Islandpferdehof Stianood,
Stianoodswai, Steenodde, Tel. 0177 481 18 07,
www.islandpferdehof-amrum.de).
Im Wald zwischen Nebel und Norddorf versteckt sich ein kaum bekannter Naturerlebnisraum, der spielerisch das Biotop näher bringt:
die **Vogelkoje Meeram**. Um die Entenfang-
anlage, die bis in die 1930er-Jahre einen wichtigen Beitrag für die Ernährung der Inselbevölke-
rung lieferte, führt heute ein Bohlenweg als
Naturlehrpfad herum. Enten und Gänse laufen
frei herum, im Gehege äst Damwild. Einbezo-

*"Sprechende" Grabsteine auf Nebels Friedhof
(oben), Leuchtfeuer nahe Wittdün (rechts
oben), Nebeler Windmühle (rechts unten)*

VERANSTALTUNGEN

Konzerte des Amrumer Folk-Duos „Querbeet"
und des „Amrumer Shanty-Chors" werden im
Haus des Gastes veranstaltet (April–Okt.),
musikalische Abendfeiern in St. Clemens
(Pfingsten–Erntedank Do. 20.30 Uhr). **KiK**
– Kunst im Kurpark – bietet Kunsthandwerk
und Live-Musik (Anf. Aug.).

UMGEBUNG

Kleinstes Dorf der Insel ist **Steenodde**, heute
ein Ortsteil von Nebel am Watt und umgeben
von Hünen- und Hügelgräbern. An seiner Mole,
von der einst Fähren zu den Halligen und nach
Schüttsiel ablegten, wird im Juni das Molenfest
gefeiert. Im Seezeichenhafen mit Bojen, Baken
und Booten liegt einsatzbereit auch der See-
notrettungskreuzer „Vormann Leiss". In der
Saison gibt es hier frische Krabben vom Kutter.
Südlich des ländlich geprägten **Süddorf**, heute
ebenfalls ein Nebeler Ortsteil, erhebt sich der
41,8 m hohe **Amrumer Leuchtturm**. Das
höchste und älteste Seezeichen der deutschen
Nordseeküste wirft seit 1875 sein Licht aus
63 m Höhe 23 Seemeilen (42,5 km) weit übers
Meer. Zur Aussichtsplattform mit tollem Pano-
rama führen 297 Stufen, 172 davon auf der
Wendeltreppe im Turm (www.wsa-toenning.
wsv.de, Hauptsaison Mo.–Fr. 8.30–12.30 Uhr).
Mitte Juli feiern die Insulaner ihr Wahrzeichen
anlässlich der Leuchtturm-Tage.

INFORMATION

AmrumTouristik, 25946 Wittdün auf Am-
rum, Tel. 04682 940 30, www.amrum.de
Büro Nebel mit W. D. R.-Schalter,
Hööwjaat 1a, Tel. 04682 943 00

❸ Norddorf

Von Dünen bedeckt, von Feuer mehrfach zerstört: Die nördlichste und – mit Süddorf – älteste Siedlung Amrums hatte bereits eine be-
wegte Geschichte hinter sich, als Friedrich von
Bodelschwingh den Grundstein zum heutigen
Urlaubsbad (575 Einw.; fries. Noorsaarep) legte.
Wegen des „unsittlichen" Treibens im Süden der
Insel hatte der Pastor, Theologe und Gründer
der Bodelschwingh'schen Anstalten Bethel 1890
sein erstes Seehospiz gegründet – als christ-
liche Stätte zur Stärkung von Körper und Geist.
Heute gehört das Strandbad zu den zehn größten Bade- und Kurorten Schleswig-Holsteins.

MUSEEN

Die Vielfalt Amrums mit Kniepsand, Dünen und
Wattenmeer präsentiert das **Naturzentrum
Norddorf** des Öömrang Ferian in einer inter-
aktiven Erlebnisausstellung mit Aquarien,
Gezeitenbecken und Exponaten zum Experi-
mentieren. Beliebtes Schauspiel ist die tägliche
Hummerfütterung; dabei sind die Scheren der
Schalentiere eindrucksvoll in Aktion. Beliebt
sind auch die Familienwatt- und Spülsaum-
führungen (Strunwai 31, Tel. 04682 16 35 82,
www.naturzentrum-norddorf.de, April–Okt. Fr.
bis Mi. 10.00–17.00, sonst Mi., Fr., Sa. und So.
12.00–16.00 Uhr, Spende erbeten).
Im Obergeschoss zeigt das 2012 eröffnete **Mari-
tur** (Museum für maritime und naturkundliche
Themen) Ausstellungen zur Inselgeschichte.
„Hark Olufs – Als Sklave verkauft, als General
zurückgekehrt" handelt von Piraterie, Sklaverei
und der Faszination der Orients; „Der Kojen-
mann" thematisiert am Beispiel von Cornelius
Peters das Verhältnis von Mensch und Natur im
Watt (Strunwai 31, www.naturzentrum-amrum.
de, April–Okt. Fr.–Mi. 10.00–17.00, Nov.–März
Mi., Fr.–So. 12.00–16.00 Uhr, Spende erbeten).

AKTIVITÄTEN

Erscheint das Meer zu kalt, geht es ins **Dünen-
bad** (Strunwai 31, Tel. 04682 735). Hollywood-
streifen zeigt das **Lichtblick-Kino** (Triihuk 1,
Tel. 04682 9 62 00, http://kino-amrum.de). Tide-
abhängig sind die **Wattwanderungen** nach
Föhr (s. DuMont Aktiv S. 69). Zum Toben lädt das
Abenteuerland ein, eine 1300 m² große Halle
mit Kletterberg, Rutschen, Trampolin, Auto-
scooter und Tischfußball (Hoofstich 3, Tel. 04682
96 86 64, www.abenteuerland-amrum.de).

RESTAURANTS

Historisch und gemütlich ist das **Ual Öömrang
Wiartshüs**. Idyllisch wie das Friesenhaus und
die Zimmer ist auch die Gaststube, wo unter

gen in den Naturerlebnisraum wurden auch
ein Steinzeitgrab und ein cimbrisches Dorf. Danach geht's für die Kids zum Toben auf den
großen Spielplatz.

RESTAURANT
In seiner **Seekiste** tischt Wellem Peters unter
Gallionsfiguren friesische Spezialitäten auf –
beispielsweise Heringe auf Bratkartoffeln und
„Hommelkasche", eine Komposition aus ver-
schiedenen Seefischen (Smääljaat 2, Tel.
04682 6 40, www.seekiste-amrum.de).

Gebälk Krabbensuppe & Co. munden (Bräätlun 4, Tel. 04682 836, www.uöw.de). Direkt in den Dünen liegt das junge **Restaurant Strand 33** (Strunwai 33, Tel. 04682 96 15 55, www.strand 33.de), das Freitag ab 21.00 Uhr mit Cocktails und Musik zum Entspannen bittet.
Amrums einziger lizenzierter Austernsammler Heiko Ganzel versorgt das **Seeblick Genuss und Spa Resort Amrum** (Strunwai 13, Tel. 04682 92 10, www.seeblicker.de) seit 2012 mit einer Spezialität: der Amrumer Wildauster.

VERANSTALTUNGEN
In Norddorf werden traditionell die **Amrumer Lammtage** eröffnet (Hüttmannwiese, Juni-Sa.). Im Juli feiert die DLRG ihr **Strandfest**.

EINKAUFEN
Der Trachtenschmuck ihrer friesischen Urgroßmutter und das Amrumer Strandgut inspirieren die **Goldschmiedin** Cornelia Rickmers (Lunstruat 1, www.rickmers-schmuck.de).

UMGEBUNG
Die 2 km lange und bis zu 200 m lange **Amrumer Odde** (150 ha Naturschutzgebiet) ist ein bis zu 24 m hoher Dünengürtel, entstanden durch die Wanderung des Kniepsands. Die Seevögel, die hier nisten, lassen sich auf Führungen des Vereins Jordsand beobachten, der das Schutzgebiet betreut (Tel. 04682 23 32, www. jordsand.de, Di.–So. 10.00 Uhr, Treff Aufgang zur Vogelwärterhütte an der Wattseite).

INFORMATION
AmrumTouristik, siehe Wittdün auf Amrum, Büro Norddorf mit W. D. R.-Schalter, Ual Saarepswai 7, Tel. 04682 9 47 00

Tipp

Insel-Busfahrt
. . . .
Amrum ist zwar nicht autofrei, aber darauf ausgerichtet, dass Urlauber ihren Wagen nicht mit auf die Insel nehmen. Der Fahrplan des Inselbusses ist auf den Fährverkehr abgestimmt, und viele Vermieter holen ihre Gäste kostenlos an der Fähre ab. Teuer sind Taxifahrten – denn anders als auf dem Festland dürfen Amrumer Taxen bereits die Anfahrt mitberechnen.

INFORMATION
W. D. R., Inselstraße 14, 25946 Wittdün, Tel. 04682 949 20, www.wdr-wyk.de

Genießen   Erleben   Erfahren

DuMont Aktiv

Durchs Watt nach Föhr

Einmal über den Meeresboden laufen, die Füße in den weichen Sand bohren und die – oft verborgen hausenden – Bewohner des Wattenmeers entdecken: Eine Wattwanderung ist ein unvergessliches Ferienerlebnis.

Zu den berühmtesten Strecken, die man auf den Nordfriesischen Inseln zurücklegen kann, gehört der Fußmarsch von Amrum nach Föhr. Ausgangspunkt der Route ist Norddorf. Die Streckenführung verläuft nicht direkt, sondern in einer großen Schleife. Grund dafür sind nicht nur die Schlickwattflächen vor Föhr, sondern auch das „Mittelloch", das nach etwa 15 Minuten erreicht wird. Die Wasserhöhe des größten Priels (Wattstroms) an der Strecke ist stark von der Witterung abhängig – mal reicht sie gerade bis zum Knie, dann bis zur Hüfte, gelegentlich auch bis zur Brust. Am besten also: Badebekleidung und zum Schutz der Füße alte Turnschuhe anziehen und ein Handtuch mitnehmen!

Nach weiteren 30 Minuten durch die weite Welt des silbrig funkelnden Watts wird das Wrack der „City of Bedfort" erreicht. Der Salpeterfrachter aus England, dessen Spanten noch 20 Zentimeter aus dem Meeresboden ragen, war 1825 auf dem Weg nach Esbjerg vor Amrum gestrandet, seine achtköpfige Besatzung ertrank. Von hier ist es noch gut eine Stunde bis zum Seedeich bei Dunsum auf der Insel Föhr.

Weitere Informationen

Tourlänge
8 km/ca. 2,5 Std.

Geführte Touren
Da außer mehreren seichten Prielen auch das deutlich tiefere „Mittelloch" durchquert werden muss, sollte die Tour auf jeden Fall in Begleitung eines erfahrenen Wattführers wie Reinhard Boyens gemacht werden. Er bietet die Tour über den Meeresboden in Verbindung mit der Besichtigung der Föhrer „Hauptstadt" Nieblum (S. 84) und den Rückweg als Fährfahrt an. Informationen gibt es unter www.watt wandern-amrum.de.

Wenn das Wetter mitspielt, ist die Wattwanderung noch mal so schön – die Tour ist ein tolles Erlebnis für die ganze Familie.

Grün und kompakt

Im Windschatten der beiden Düneninseln Sylt und Amrum liegt Föhr, grün und kompakt. Im Osten, Norden und Westen schützt ein 22 Kilometer langer Deich die Marsch vor dem nicht immer freundlichen Meer. Vor dem Geestrücken im Süden erstreckt sich ein kilometerlanges Band feingelber Sandstrände.

Gut 250 Jahre lang hat die Oldsumer Mühle ihren Dienst verrichtet, bis sie 1954 stillgelegt wurde.

Blick vorbei an friesischen Farben an einem Fährschiffsbug auf den Hafen von Wyk

Ein kleiner Bummel in Wyks
Fußgängerzone

Den „Friesendom" von Nieblum umringen
auch „sprechende" Grabsteine.

Friesenhaus in Nieblum – reetgedeckt und mit Zwerchgiebel über dem Eingang

St. Johannis in Nieblum ist die größte der drei Inselkirchen und wird deshalb „Friesendom" genannt.

„Ich habe jeden Tag gebadet … das unvergesslichste Wasser, in dem ich je gewesen bin."

Hans Christian Andersen, 1844 in Wyk

An der Nahtstelle zwischen Marsch und Geest liegen seit dem Mittelalter elf Inseldörfer, die ihr Ortsbild sorgsam bewahrt haben: Nirgendwo sonst an der Nordsee findet man noch so geschlossene Reetdachensembles und Gutshöfe. Welch einen Kontrast zu den ländlich-beschaulichen Dörfern bietet hingegen Wyk! Die einzige Stadt der Insel gehört zu den ältesten deutschen Seebädern. Bereits 1819 stiegen hier Männer und Frauen – nach Geschlecht getrennt – von hölzernen Badekarren zum Bad in die Fluten. Doch richtig in Schwung kam der Badebetrieb erst mit dem Besuch eines Blaublüters: Der damalige dänische König Christian VIII. verbrachte mit seiner Gemahlin Caroline Amalie zwischen 1842 und 1847 regelmäßig fünf Wochen auf der Insel und sorgte so für Werbung. Als er 1848 überraschend starb, war das Seebad für die feine Gesellschaft nicht mehr attraktiv genug.

50 Jahre später sorgte ein engagierter Arzt für neuen Schwung: Dr. Carl Haeberlin. Als Sohn eines evangelischen Missionars in Indien geboren, eröffnete er 1902 auf Föhr eine Praxis und baute mit Karl Gmelin eine bioklimatische Forschungsanstalt in Wyk auf. Immer wieder pries er die gesundheitlichen Vorzüge der Insel – nirgendwo in Deutschland sei die Luft so sauber wie auf Föhr.

Im Jahr 1878 flüchtete Johann Baptist Strauß – der Sohn – nach Föhr. Nur wenige Wochen nach dem Tod seiner Frau Henriette hatte sich der Walzerkönig bereits wieder verliebt – in die Schauspielerin Angelika Dittrich. Den beiden gefiel es auf der Nordseeinsel so gut, dass sie 1879 wiederkehrten, in Wyk am Sandwall logierten – und Strauß ganz inspiriert den Walzer „Nordseebilder" komponierte.

Heute gilt die Insel als spezialisiert auf Familienferien. Besonders während der „Föhrer Piratenwochen" ist das Eiland fest in der Hand der kleinen Freibeuter. Und während sich der Nachwuchs bei 260 Kinderveranstaltungen wie Fußballcamp, Strandolympiade, Mitmachzirkus, Märchenmusical, Strandgutwerkstatt und Filzen vergnügt, können sich die Eltern vom Alltag erholen – oder im Freizeitbad Aquaföhr exotische Massagen wie „Pantai Luar" genießen, bei der ein Stempel aus Limetten, Kokosraspeln und Gewürzen den Stoffwechsel der Haut anregt.

Föhrer Wellness-Trio

Besonders in der Vor- und Nachsaison setzt Föhr auf Gesundheitstourismus. Immerhin werden in Wyk und Utersum seit mehr als 100 Jahren Erkrankungen der Atemwege und der Haut

Hinten am Horizont taucht Amrum auf:
Strand von Utersum.

Familien mit Kindern bestimmen das Leben am
Strand von Utersum auf Föhr.

Längst hat der trendige Beachvolleyball
auch Föhr erreicht.

Strandtennis vor der Seebrücke in Wyk auf Föhr

„Mir genügt zur Zeit
das Schwatzen der
Seevögel, das leise Sich-
Wiegen des stachligen
Strandhafers, ein
wenig durch die Finger
rinnender Sand …"

Christian Morgenstern, 1905 auf Föhr

erfolgreich kuriert. Tradition haben auch die Thalasso-Behandlungen, die Meeresheilkräfte nutzend. Algenpackungen pflegen und entschlacken, warme Wattenschlick-Packungen lösen Muskelverspannungen. Wie ein Jungbrunnen wirkt auch das Reizklima der Nordsee: Jeder Atemzug vitalisiert, versorgt den Körper mit Jod, Salz und Mineralien. Eine Wattwanderung gehört daher zu jedem Föhr-Urlaub. Start ist im Dörfchen Dunsum. Von dort geht es hinüber nach Amrum – und per Fähre zurück.

Hoch zu Ross und auf den Hof

Mit 850 Rössern vieler Rassen gilt Föhr als Reiter-Mekka. Nicht nur Holsteiner Warmblüter und Trakehnerstuten, auch portugiesische Lusitanos, kleine Shetlandponys, amerikanische Quarterhorses und englische Shire-Horses, die größte Pferderasse der Welt, fühlen sich auf Föhrer Wiesen wohl. Sie werden hier gezüchtet, zur Arbeit im 200 Hektar großen Inselwald eingesetzt und für Ausritte an Urlauber vermietet. Hoch zu Ross sind sie nicht nur auf ausgeschilderten Reitwegen, sondern auch auf dem Meeresboden unterwegs – 300 Meter vom Strand entfernt darf überall im Watt geritten werden. Und ein Bad im Priel genießen die Pferde so ausgelassen wie die Menschen.

Bis heute ist die Landwirtschaft mit den Standbeinen Milchviehwirtschaft, Futter und Getreideanbau neben dem Fremdenverkehr wichtigster Wirtschaftszweig der Insel. So werden noch drei Viertel der Inselfläche, das bedeutet 62 von insgesamt 82 Quadratkilometern, intensiv bewirtschaftet – wie, verrät alle zwei Jahre der Tag des offenen Hofes (nächster Termin: September 2016). Viele der 65 Vollerwerbshöfe bieten zudem seit Mitte der 1970er-Jahre „Ferien auf dem Bauernhof" an und laden ein, den Alltag eines Insel-Bauern mitzuerleben: beim Melken der Kühe oder beim Füttern der Hühner.

Weltkarriere für Enten

Eine Föhrer Besonderheit sind die Vogelkojen, mit denen früher Wildenten gefangen wurden. Sie bestehen aus einem zentralen Teich, von dem mehrere Gräben abgehen. Das Ende dieser sogenannten „Pfeifen", mit Netzen überspannt und Strohmatten abgeschirmt, bilden die Fangkästen. Das Fangprinzip ist so einfach wie erfolgreich: Zahme Enten lockten die wilden Verwandten zur Rast auf dem Teich. Zur Fütterungszeit folgten die Wildenten ihren domestizierten Artgenossen in die sich verengenden Pfeifen – und wurden vom hinter den Strohmatten versteckten Kojenwärter in

So wichtig der Tourismus für Föhr auch ist, das Inselbild wird ebenso von der Landwirtschaft geprägt. Getreideanbau, Milchwirtschaft und Schafzucht sind Standbeine, von deren Existenz man sich wunderbar auf einer Radtour überzeugen kann.

Reetgedeckt wie die Friesenhäuser: Zu einem Bauernland gehört eine Mühle –
wie die in Oldsum.

Auslandsföhrer

Special

Friiske spräke in Amerika

Neben Landwirtschaft sorgten Salz-
siederei, im 17. und 18. Jahrhundert
Walfang und Robbenschlag sowie
ab 1860 Handelsschifffahrt für einen gewissen Wohlstand. Dennoch
gab es bis ins 20. Jahrhundert Zeiten
bitterster Armut, deretwegen viele
Föhrer ihre Insel verlassen mussten.
Probleme bereitete zeitweise auch
die politische Situation der Insel, die
von 1581 bis 1721 zweigeteilt war: Das
Westerland gehörte zu Dänemark,
das Osterland dem Gottorfer Herzog
in Schleswig – und damit zu Preußen.
1721 wurde die ganze Insel dänisch,
1864 preußisch. Als die neuen Macht-
haber eine sechsjährige Wehrpflicht
für Föhrer Männer einführten, ver-
stärkte sich die Emigration nach Ame-
rika. Westerländer Föhrer zogen zu
Verwandten nach New York, oftmals
im Delikatessenhandel auf der Bronx,
Long Island und in Manhattan tätig;
Osterländer zog es nach Petaluma
in Kalifornien, wo sie sich in der

Heie Martens-Sönksen: ein Föhrer Original

Landwirtschaft eine neue Existenz
aufbauten. Erst in den 1950er-Jahren
verebbte die Auswanderungswelle.
Bis heute haben fast alle Föhrer Familien Verwandte in den USA – und
die Auslandsföhrer oft großes Heim-
weh nach der Heimatinsel. Doch auch
viele Föhr-Gäste sind süchtig nach
ihrer Urlaubsinsel: Seit 1998 existiert
ein Föhr-Fanclub.

die Fangkästen getrieben, getötet und ab
1885 in die Wildentenkonservenfabrik
von Heinrich Boysen in Wyk gebracht.
Dort wurden das Fleisch in Dosen einge-
weckt und weltweit exportiert – jährlich
immerhin fast 40 000 Stück, angeliefert
auch von Fangstationen auf den anderen
Inseln. Serviert wurde die Föhrer Krick-
ente sogar auf den New-York-Fahrten
der Hamburg-Amerika-Linie.

Seit den 1950er-Jahren bilden die
Vogelkojen ökologische Nischen in der
Marsch. Gefangen wird hier heute nur
noch im Auftrag der Forschung: So werden die Enten auf Schadstoffe und auf
die Erreger der Vogelpest untersucht.

Renaturierung à la Föhr
Für den Erhalt der Feuchtflächen auf
Föhr, das als einzige Insel aus dem
Schutzbereich des Nationalparks ausge-
grenzt wurde, engagiert sich der Verein
Elmeere. Seit 1996 hat er 100 Hektar (das
ist ein Prozent der Inselfläche) in der
Föhrer Marsch aufgekauft und renatu-
riert – ein Mosaik aus Wasserflächen,
sumpfigen Bereichen und extensiv ge-
nutzten Weiden mit Schafen und Gallo-
way-Rindern. Bekassine, Uferschnepfe,
Löffler, Rohrdommel und Kampfläufer
brüten wieder ungestört an diesem Ort,
Ringelgans und Austernfischer rasten
hier auf ihrem Weg ins Winterquartier.

GESPRÄCH MIT ULRIKE KRAUS

Natur mit allen Sinnen erleben

Verständnis und Bewusstsein für das sensible Ökosystem Wattenmeer zu wecken, ist vorrangige Aufgabe. Bei Wattwanderungen, vogelkundlichen Führungen oder nächtlichen Strandspaziergängen erklärt Ulrike Kraus von der Husumer Zentrale der Schutzstation Wattenmeer Besuchern die einzigartige Natur.

Die Ringelgänse des Sylter Wattenmeers lassen sich von der Schutzstation in Morsum gut beobachten.

Die Schutzstation Wattenmeer wurde 1962 gegründet und war maßgeblich an der Realisierung des Nationalparks Schleswig-Holsteinisches Wattenmeer beteiligt. Die größte Station dieses gemeinnützigen Naturschutzvereins liegt in den Dünen von Hörnum auf Sylt – dort hat uns Ulrike Kraus, die sonst von der Husumer Zentrale der Schutzstation regelmäßig sämtliche Außenstellen aufsucht und kontrolliert, Einblicke in ihre Arbeit gewährt.

Frau Kraus, Sie sind Rheinländerin – was verschlug Sie an die Nordsee? Die Liebe zur Natur. Ich habe ein Studium der Geografie mit Schwerpunkt Ökologie und Umwelt gewählt und kam während eines Praktikums erstmals nach Sylt. Als ich dann hier war, hatte es mich richtig gepackt, und ich machte noch zwei weitere Praktika als Vogelwart in Keitum und Morsum. Nach meiner Diplomarbeit über ein Wattenmeerthema wurde ich hauptamtliche Mitarbeiterin der

Schutzstation. Seit einigen Jahren leite ich nun die Sylter Stationen, seit Sommer 2007 auch die Station auf Föhr.

Heute dient die Schutzstation nicht nur als Büro und den Praktikanten, Bufdis und FÖJlern [Freiwilliges Ökologisches Jahr], der Basis des Vereins, als Wohngemeinschaft, sondern empfängt auch Besucher. Was können sie hier erleben? Als Nationalpark-Infozentrum laden die Schutzstationen dazu ein, die Natur mit allen Sinnen zu erleben. Da uns viele Schullandheime umgeben, ist alles sehr kindgerecht präsentiert. Wir

sind kein Museum, sondern bieten Natur zum Anfassen und Ausprobieren. Ob Jung oder Alt: Alle sind eingeladen, unsere Angebote mit viel Spaß zu erforschen. Dazu gehört auch unser großes Spektrum von jährlich rund 1000 Veranstaltungen. Unser Klassiker sind die Wattwanderungen, aber auch Nachtwanderungen bieten ein einmaliges Naturerlebnis, bei dem man das Meeresleuchten erleben kann – unzählige Algen glitzern dann grün-blau. Von April bis Oktober begleiten wir zudem die Seehundfahrten der Adler-Schiffe, bei denen wir auch einen Seetierfang einholen und

Auf der „Jagd": Mithilfe
eines Spektivs halten die
Mitarbeiter nach ihrem
jeweiligen Beobachtungs-
objekt Ausschau.

Gute Zusammenarbeit ist wichtig:
Dienstbesprechung in der Hörnumer
Schutzstation.

erklären. Hinzu kommen pflanzen-
und vogelkundliche Wanderungen,
Diavorträge und die „Strandpiraten"-
Angebote für den Nachwuchs.

**Neben der Öffentlichkeitsarbeit er-
füllen die Mitarbeiter der Schutzstation auch wichtige Aufgaben
im Naturschutz. Welche sind dies?**
Das Land hat uns 1974 Naturschutz-
gebiete zugewiesen, die wir seitdem
betreuen. Außerdem betreuen wir
Landschaftsschutzgebiete und Teile
des Nationalparks. Dort machen wir
regelmäßig Kontrollgänge und beobachten die Natur. Wir notieren, wann
welche Pflanzen blühen, wann welche
Tiere auftauchen und wann die Balz
beginnt. Besonders sensible Bereiche,
zum Beispiel Brut- und Rastgebiete,
werden von uns im Frühjahr mit
Pfahlreihen abgesperrt. Doch gleichzeitig stellen wir uns immer mal mit
einem Spektiv, einer Art Fernrohr,
daneben – wir wollen keine Gäste
fernhalten, sondern Verständnis wecken. Denn man kann nur schützen,
was man kennt – und vielleicht wie
wir lieben gelernt hat.

**Als dritte Aufgabe kommen
wissenschaftliche Monitoring-Pro-
gramme hinzu – was ist das?** Hier
schauen wir, wie sich das sensible
Ökosystem Wattenmeer verändert.
Beim Spülsaum-Monitoring im Winter wird beispielsweise erfasst, was alles angeschwemmt wird – Muscheln
und Müll, aber auch immer wieder Öl
und tote Vögel. Zweimal pro Jahr kar-
tieren wir das Watt. Hierbei erfassen
wir an allen unseren Stationen auf
Probestrecken von mehreren Kilome-
tern Länge alle 50 Meter auf jeweils
einem Quadratmeter sämtliche Tiere
und Pflanzen, die dort vorkommen.
Bei der 14-tägigen Rastvogelzählung
merken wir sofort, wie Verän-
derungen selbst in den entlegensten
Regionen hier vor Ort Auswirkungen
haben. Wenn im Frühjahr beispielsweise Tausende Ringelgänse weniger
ankommen als in den Jahren zuvor,
wissen wir, es muss im Winter in Sibirien etwas passiert sein.

**Was macht in Ihren Augen das
Wattenmeer so einzigartig?** Es
gibt nirgendwo auf der Welt noch so
große zusammenhängende Wattflächen. Die meisten Meere fallen steiler
ab, sodass sich solche Wattflächen
gar nicht entwickeln können. Und
die sind wiederum für die Vogelwelt
ungeheuer bedeutend. Das Wattenmeer dient als Drehscheibe des Vogelzugs. Ohne das Wattenmeer mit
seiner Weite, Ruhe und vielfältigem
Nahrungsangebot könnten die Vögel
den Flug von Afrika nach Sibirien
und zurück gar nicht schaffen. Selbst
der größte See im Landesinnern
könnte diese Aufgabe nicht erfüllen –
schließlich sind es ja zehn Millionen
Vögel, die hier im Jahr rasten. Außerdem nutzen rund 400 000 Brutpaare
jedes Jahr das Wattenmeer als Kin-
derstube für ihren Nachwuchs. Die
Schutzstation Wattenmeer hat daher auch die Initiative, das gesamte
Gebiet als Weltnaturerbe unter den
Schutz der UNESCO zu stellen, maßgeblich unterstützt und zu ihrem Erfolg beigetragen.

**Frau Kraus, wir danken für das Ge-
spräch und wünschen Ihnen weiterhin viel Erfolg für Ihre Arbeit.**

Wenn das Meer sich
zurückzieht, lässt sich
im Watt jede Menge
entdecken: verschiedene
Muscheln auf einer
Sandbank vor Föhr.

Paradies für Familien

Geschützt hinter den Halligen und den Inseln Amrum und Sylt liegt die Insel Föhr – eine grüne Oase in der Nordsee. Ihre einzige Stadt, Wyk, gehört zu den ältesten Seebädern Deutschlands: Schon der dänische König Christian VIII. verbrachte den Sommer in Wyk, 1844 in Gesellschaft des Dichters Hans Christian Andersen.

❶ Wyk auf Föhr

Wo im 17. Jh. die Walfänger zu ihren Fahrten starteten, legen heute die Fähren an. Die Inselhauptstadt Wyk (4263 Einw.; fries. Wik) ist seit 1819 ein Seebad mit bis zu 20 000 Gästen zur Hauptsaison und eines der ältesten Deutschlands. 1704 war der Ort als Hafenplatz dokumentiert. Als die Könige und Künstler fernblieben, kamen die Kinder: Bis heute gilt Wyk auf Föhr als Synonym für Kindererholung.

SEHENSWERT
Zu den schönen Ecken des Badeorts, leider auch mit einigen Bausünden, gehören die betriebsame **Fußgängerzone** mit hübschen Stadthäusern aus der Zeit um 1900 und die idyllische **Carl-Häberlin-Straße**, deren Giebelbauten Rosen schmücken. Wahrzeichen von Wyk ist der **Glockenturm** an der Großen Straße/Mühlenstraße, 1892 aus Backstein erbaut. In der Feldstraße, nahe beim Friesenmuseum, hat Elmeere ein **Storchengehege** mit Inforaum angelegt, der ein 3-D-Modell der Insel birgt. Herrliche Flaniermeile – auch wenn die 1000 Ulmen des dänischen Königs inzwischen

Wattenmeer mit Amrum-Blick in Utersum

durch Kastanien ersetzt werden mussten – ist weiterhin der **Sandwall**; die Strandpromenade mit Halligenblick, ursprüngl. als Hochwasserschutz angelegt, erhielt einen Gezeitenbrunnen. Welche Höhe die Sturmfluten der letzten 170 Jahren erreichten, verrät ein Teak-Pfahl im alten Hafen: 1825 stiegt das Wasser auf 4,76 m über Normalnull (NN).

MUSEEN
Gewaltige Walkieferknochen schmücken den Eingang des **Carl-Häberlin-Friesenmuseums** TOPZIEL, das Föhrer Geschichte von der Steinzeit über die Wikinger bis heute lebendig werden lässt. Auf dem Freigelände zeigt Haus Olesen (1617), ältestes der Insel, sein ursprüngliches Interieur, die Inselscheune aus dem 18. Jh. und landwirtschaftliche Geräte. Eine kleine Bockwindmühle erinnert an diesen auf Föhr einst verbreiteten Mühlentyp. Auch ein Garten mit alten Rosensorten wurde angelegt (Rebbelstieg 34, www.friesen-museum.de, Juli und Aug. tgl. 10.00–17.00, Mitte März–Okt. Di. bis So. 10.00–17.00, sonst Di.–So. 14.00–17.00 Uhr, Erw. 4,80 €). Im **Nationalpark-Haus** wandern Besucher durch die Jahreszeiten des Wattenmeers und lernen dabei Flora und Fauna des Weltnaturerbes kennen (Altes Rathaus, Hafenstraße 23, http://nph-foehr.nationalparkservice.de, Tel. 04681 42 90, April–Okt. So.–Fr. 10.00–17.30, Nov.–März Do., Sa. 14.00–17.00, Fischfütterung Juli–Sept. Mo., Mi. 15.00, Fr. 11.00 Uhr, Erw. 2,50 €).

AKTIVITÄTEN
Das Familien- und Kurbad **Aquaföhr** bietet Meerwasserwellen und Sauna, sollte es am Strand einmal nicht so verlockend sein (Stockmannsweg 1, www.aquafoehr.de, tgl.). An der **Schutzstation Wattenmeer** mit Wattenmeerraum beginnen Wattwanderungen und naturkundliche Führungen (Badestraße 111, www.schutzstation-wattenmeer.de).

NACHTLEBEN
Einzige **Disko** der Insel ist das „Olympic" (Koogskuhl 6, ab 22.00 Uhr). Dart- und Billardspieler treffen sich im „**Erdbeerparadies**" (Ocke-Nerong-Str. 29, Boldixum, www.erdbeerparadies-foehr.de).

VERANSTALTUNGEN
Etwas für Abgehärtete ist das **Föhrer Neujahrsschwimmen**. Bei **Jazz goes Föhr** swingt im Juli die ganze Insel (www.jazz-goes-foehr.de). **Musik-am-Meer**-Konzerte erklingen im Musikpavillon Sandwall (Mai–Sept. Di. bis So.). Ein Spaß für die Einheimischen sind im Sommer die **Ringreiterturniere** (s. S. 32).

EINKAUFEN
Als einziger Bauer der Insel stellt **John Hartmann** aus der Milch seiner Kühe noch selbst Rohmilchkäse her – und verkauft ihn, pur oder mit Bockshornklee, Bärlauch oder Kümmel gewürzt, im angeschlossenen Hofladen (Hauptstraße 9, Alkersum, Tel. 04681 24 92).

 Tipp

Alt Wyk

Der einzige Michelin-Stern außerhalb von Sylt im nordfriesischen Inselmeer schmückt seit 2012 das Restaurant „Alt Wyk". In der Küche, die sich zwischen die drei Speisesäle in friesischem Weiß-Blau drängt, wirbelt das Team um Chefkoch René Dittrich umher. Dem wortkargen Träger der Goldmedaille der „Gastronomischen Akademie Deutschland" gelingt es, deftige regionale Kost mit französischer Haute Cuisine flirten zu lassen – z. B. in der Grünkohlsuppe mit Entenstreifen. Wer bleiben möchte, nächtigt unter dem Dach in einer gemütlichen Ferienwohnung.

INFORMATION
Große Straße 4, 25938 Wyk auf Föhr, Tel. 04681 32 12, www.alt-wyk-de

UMGEBUNG

Der einstige Hauptort **Boldixum** ist seit 1924 Ortsteil von Wyk. In der schlichten romanischen St.-Nicolai-Kirche (1240) fanden urspr. auch politische Versammlungen und Gerichtstage statt; auf dem Friedhof berichten „sprechende" Grabsteine von wechselhaften Schicksalen. Die Vogelkoje diente einst dem Vogelfang (April–Okt. Mo.–Fr. 10.00–12.00 Uhr). Im 423-Einw.-Dorf **Alkersum** liegt das Glück der Urlauber auf Pferderücken – fünf Reiterhöfe mit 200 Rössern warten hier auf Ausritt oder Unterricht. Im hübschen Dorf wurden viele alte Friesenhäuser in gemütliche Ferienwohnungen umgewandelt. Wer nicht reitet, kann beim Wandern oder Radfahren die landschaftliche Vielfalt auf engstem Raum erkunden. Der historische Grethjens Gasthof, in dem sich einst Künstler wie der Mitgründer der Berliner Secession, Otto Heinrich Engel, trafen, bildet das Herz des **Museums Kunst der Westküste**, dessen Werke – aufbauend auf der Gemäldesammlung des Museumsgründers Prof. Frederik Paulsen – die Faszination des Maritimen im Wandel der Zeiten repräsentieren (Hauptstraße 1, www.mkdw.de, März–Okt. Di. bis So. 10.00–17.00, Nov.–Mitte Jan. Di.–So. 12.00–17.00 Uhr, Erw. 8 €).

Im Reetdachdorf **Midlum** (358 Einw.) steht eine 1857 erbaute Windmühle und lässt sich bei den monatlichen Mühlenbacktagen besichtigen (www.midlumer-muehle.de). Für sportliche Abwechslung sorgt ein Quellenfreibad. In **Oevenum** (469 Einw.), dessen 1882 gegründete Jugendfeuerwehr die älteste der Welt ist, sind Künstler daheim: Petra Stölten zeigt im Töpperhüs (Dörpstrat 21) handgetöpferte Keramiken, Julius Abildgaard-Hansen (Wollackerum 3) verziert Autos mit Traumwelten in Acryl.

INFORMATION

Föhr Tourismus GmbH, W. D. R.-Servicegebäude, Am Fähranleger 1
Im Veranstaltungszentrum, Sandwall 38, 25938 Wyk auf Föhr,
Tel. 04681 300, www.foehr.de

❷ Nieblum

Prächtige Friesenhäuser, Bauerngärten und alte Alleen machen Nieblum (567 Einw.; fries. Njiblem) zum Inselschmuckstück. Viele der weißen und roten Häuser aus dem 18. Jh. gehörten einst Kapitänen, die durch Seefahrt und Walfang zu Wohlstand gekommen waren.

SEHENSWERT

Der romanisch-gotische sogenannte Friesendom **St. Johannis** (13. Jh.) ist die größte der drei Inselkirchen und zählt zu den bedeuten-

den Sakralbauten Schleswig-Holsteins. Zu den Kunstschätzen im Innern gehören die Granittaufe (1200), die Johannes-Figur (15. Jh.) eines unbekannten Meisters, der dreiflügelige Schnitzaltar (1487) und die Renaissancekanzel (1618) mit Szenen aus dem Leben Jesu vom Flensburger Meister Hinrich Ringeling. Auf dem Friedhof berichten 265 verzierte Grabplatten vom Leben wohlhabender Nieblumer Bürger.

AKTIVITÄTEN

Abschlagen lässt sich auf dem auf 27 Löcher erweiterten Platz des **Golf Clubs Föhr** (Grevelingstieg 6, Tel. 04681 58 04 55, www.golfclubfoehr.de), **baden** am 6 km langen Strand im Ortsteil Goting, der ostwärts in den Wyker Südstrand übergeht und im Westen am 9 m hohen Goting-Kliff endet. **Wandern** oder **Radfahren** sind auf der 5 km langen „Traumstraße" vom westlich gelegenen Goting über Witsum und Hedehusum nach Utersum beliebt.

RESTAURANTS

In dem 250-jährigen **Alten Landhaus** dominieren abends Lamm und Fisch die Karte; nachmittags lockt ein Cafégarten (Bi de Südd 22, Tel. 04681 25 72, www.altes-landhaus-nieblum.de).

VERANSTALTUNGEN

Die Klänge der **Sommerkonzerte** erfüllen von Juni bis Sept. das Gewölbe von St. Johannis (Fr. 20.00 Uhr).

UMGEBUNG

Bei Borgsum erhebt sich nördl. des Dorfes die **Lembecksburg**. Der 10 m hohe Ringwall aus dem 9. Jh. ist der Rest einer Verteidigungsanlage gegen Wikinger, im 14. Jh. vom dänischen Lehnsherrn Klaus Lembeck besetzt.

Grabstein im „Friesendom" von Nieblum (links), Westland-Kirche St. Laurentii bei Süderende (oben)

INFORMATION

Föhr Tourismus GmbH, Dörpshus, Poststraat 2, 25938 Nordseebad Nieblum, Tel. 04681 25 59, www.nieblum-online.de

❸ Utersum

Der 15 km lange, weiße Sandstrand von Utersum (424 Einw.; fries. Ödersem) gilt als der schönste der ganzen Insel. Mehr als 500 vorgeschichtliche Grabhügel gab es einst auf der Föhrer Geest, sie erinnern an die frühe Besiedlung der heutigen Insel. Am Utersumer Deich sind auf Höhe der Seebrücke Reste des Sunberg zu erkennen, einer jungsteinzeitlichen Grabkammer, die in der Bronzezeit erneut belegt wurde. Um die drei Hügelgräber Triibergem ranken sich zahlreiche Sagen – beispielsweise sollen sie die Heimstatt winziger Zwerge sein. 1360 wurde Utersum erstmals genannt. Zu den begeisterten Liebhabern des kleinen See- und Kurbads gehörte auch Hans Rosenthal (1925 bis 1987) – heute erinnert ein Denkmal vor dem Haus des Gastes an den populären Quizmaster.

AKTIVITÄTEN

Angeln können Interessierte in den Utersumer Gemeindeteichen (Angelschein bei der Kurverwaltung), **surfen** am ausgewiesenen Surfstrand.

INFORMATION

Föhr Tourismus GmbH, Haus des Gastes, Klaf 2, 25938 Utersum auf Föhr, Tel. 04683 3 46, www.utersum.de

❹ Oldsum

In Oldsum (534 Einw.; fries. Olersem), im Westen der Föhrer Marsch, haben sich Künstler und Kunsthandwerker niedergelassen. Wahrzeichen des 1463 erstmals genannten alten Bauerndorfes ist eine reetgedeckte Windmühle (1901). Im 17. Jh. stellte der Ort eine Vielzahl erfolgreicher Walfänger. Die bekannteste Bürgerin des Ortes ist Friede Springer – die Mehrheitseignerin des Axel-Springer-Konzerns wurde 1942 als Tochter eines Gärtners hier geboren.

Um die drei Hügelgräber Triibergem ranken sich zahlreiche Sagen – beispielsweise sollen sie die Heimstatt winziger Zwerge sein.

SEHENSWERT

In **Stelly's Hüüs**, einem Kapitänshaus von 1837, zeigt Rolf Stelly ein kunterbuntes Kuriositätenkabinett mit Exponaten aus aller Welt (Oldsum 38, Tel. 04683 3 06, April–Okt. Mi. bis Mo. 11.30–18.00 Uhr). Angeschlossen sind ein Teeladen, eine Töpferei und ein Café, in dem Anneta König köstlichen Milchreis oder auch Bratäpfel mit Eierlikör serviert. Am Sötjersteig hat der Maler **Enzian Calvados**, bürgerlich Dr. Boskamp, sein Atelier für Besucher geöffnet (Mi. und Sa. 15.00–18.00 Uhr). Im Oldsumer Vorland wurde von der Schutzstation Wattenmeer in einem Bauwagen ein kleines **Infozentrum** eingerichtet (Mai–Aug.).

RESTAURANTS

Besonders gut mundet frisch gebackener Oldsumer Apfelkuchen unter den Obstbäumen des **Apfelgartens** der Familie Gloy (Tel. 04683 8 98, www.imapfelgarten.de). Rote Grütze, Lamm und regionale Spezialitäten stehen auf der Karte des Gasthofs **Ual Fering Wiartshüs** (Haus 141, www.ufw-foehr.de).

AKTIVITÄTEN

Die **Wattwanderungen** TOPZIEL von Föhr nach Amrum beginnen in Dunsum.

UMGEBUNG

Ursprünglich und urgemütlich ist **Süderende** (200 Einw.), drittes der Inselkirchdörfer. Seine berühmte, urspr. romanische St.-Laurentii-Kirche (13. Jh.) erhebt sich etwas südlich inmitten der Felder, damit alle Gläubigen des Westerlands die gleiche Strecke zur Kirche hatten. Auf dem **Friedhof** ruht Föhrs berühmtester Walfänger: Der Oldsumer „Glückliche Matthias" Petersen (1632–1706) hatte 373 Wale erlegt.

Tipp

Föhr-Bücher für Ferien-Feeling

....

Er war Krankenpfleger, Werftarbeiter und Traumschiffpianist – und schreibt heute kurzweilige Sommerromane über Föhr, die sofort Ferienfeeling herbeizaubern: Volkmar Nebe alias Janne Mommsen. Mit „Oma ihr klein Häuschen" kam 2010 der erste der insgesamt vierbändigen Reihe über Sönke, Maria und Oma auf den Markt – und wurde, wie „Ein Strandkorb für Oma", „Oma dreht auf" und „Omas Erdbeerparadies" Kult, nicht nur unter Nordseefans. Denn Janne Mommsens Schreibstil ist wie eine frische Brise – und ermöglicht Kopfkino vom Feinsten aus der Karibik der Friesen.

INFORMATIONEN ZU AUTOR UND TITEL UNTER
www.rowohlt.de

DuMont Aktiv

Mit Fiete Föhr erradeln

Fiete Föhr, Inselmaskottchen und waschechter Föhringer, führt Radfahrer auf seiner 36 km langen sommerlichen Erlebnisroute einmal rund um die Insel.

Ausgangspunkt ist der Wyker Hafen, wo das Maskottchen als Baumskulptur von Friedrich Oettinger die Gäste begrüßt. Den Weg zu den 28 Stationen des Raderlebnisweges, zu denen eine Begleitbroschüre der Föhr Tourismus GmbH vertiefende Informationen bietet, weist ein braunes „F".

Die ersten drei Kilometer führen durch Wyk; vom Ende der Badstraße eröffnet sich ein Blick auf die Hallig Langeneß, ehe es nach Nieblum mit seinen Kapitänshäuschen und dem Friesendom St. Johannis geht. Über Witsum radelt man nach Utersum, dann über Dunsum, Süderende und Oldsum gen Borgsum, wo kurz vor dem Ort ein Abstecher zur Lembecksburg lohnt. In Alkersum sollte das Museum Kunst der Westküste nicht verpasst, in Oevenum die Kunst, die vor Ort geschaffen wird, betrachtet und, falls gerade Donnerstag ist, über den sommerlichen Oevenumer Bauernmarkt gebummelt werden. Durch die Marschen von Wrixum wird schließlich wieder Wyk erreicht.

Weitere Informationen

Tourlänge
36 km, fast eben, Gegenwind fordert Kondition. Bei der Radl Rast (Aussiedlungshof 11, Midlum) technische Hilfe, Verpflegung.

Karte
Radkarte Föhr, Maßstab 1 : 30 000, erhältlich im Online-Shop der Föhr Tourismus GmbH unter www.foehr.de

Weitere hübsche Radrouten auf der Insel Föhr
Große Inselrunde (34 km), Mittlere Inselrunde (24 km), Westerrunde (17 km), Marschenrunde (20 km), Geestrunde (13 km)

Große Steigungen brauchen Radler auf Föhr nicht zu befürchten – nur die steife Brise kostet mitunter etwas Muskelschmalz.

Badespaß im Rhythmus der Gezeiten

Pellworm und Nordstrand stehen nicht in der ersten Reihe der nordfriesischen Urlaubsinseln – haben aber dennoch eine treue Anhängerschaft. Diese schätzt die Ruhe, die satten Farben der Natur hinter den mit weißen Schafen betupften Deichen und nicht zuletzt das Meer, das auch hier Badevergnügen verspricht – allerdings im Rhythmus der Gezeiten.

Ehemalige Priele entwässern bis heute das Inselinnere von Pellworm.

Die gut erhaltene Pellwormer Nordermühle gibt sich im Sommerhalbjahr gastlich – als Restaurant.

Vom Kaydeich beim Leuchtturm blickt man
hinüber zum „Hotel Friesenhaus".

Pellworm ist ganz anders als seine Nachbarinseln. Saftige Weiden und grüne Deiche prägen das Bild auf der Marscheninsel, die erst mit der großen Oktoberflut 1634 entstand. In der Nacht des 11. auf den 12. Oktober war damals die alte Insel Strand auseinandergebrochen. Ihr Westteil, der damals bereits Pellworm hieß, wurde zur eigenen Insel – wie auch Nordstrand, das seit 1907 durch einen drei Kilometer langen Straßendamm mit dem Festland verbunden ist. Als Schutz vor weiterem Landverlust umgibt heute ein je acht Meter hoher und 28 Kilometer langer Außendeich beide Inseln.

Das Werk wilder Kerle

Wahrzeichen von Pellworm ist die 26 Meter hohe Turmruine der „Alten Kirche" St. Salvator, die zu den sogenannten Knuts-Kirchen gehört. Dänenkönig Knut hatte in der ersten Hälfte des 11. Jahrhunderts diverse Kirchenbauten initiiert, um das seinerzeit gerade eingeführte Christentum zu festigen. Der Ziegelturm des mittelalterlichen Gotteshauses stürzte 1611 ein, weil der weiche Wattboden seinem Gewicht nicht gewachsen war. Dramatischer beschreibt eine Sage den Einsturz. Im kalten Winter 1420 soll der Büsumer Seeräuber Cord Widderich dort mit 50 wilden Dithmarscher Kerlen gehaust und die Stützbalken des Gebäudes verfeuert haben. Inselpastor Manfred Adam, der seit 1988 auf Pellworm predigt, kennt die Sagen der Kirche und ihre Kunstschätze, zu denen auch eines der wenigen erhaltenen Instrumente des Orgelbauers Arp Schnitger zählt. Ihr Klang ist so berühmt, dass Virtuosen aus der ganzen Welt nach Pellworm reisen – und seit 50 Jahren die Gäste bei sommerlichen Orgelkonzerten lauschen machen.

Gelber Raps, rote Krabben

Doch Pellworm lebt nicht nur vom Tourismus. Landwirtschaft und Fischerei sind hier keine Kulisse, sondern vitale Wirtschaftszweige. Rund 60 Voller-

Sandstrand sucht man auf Pellworm vergebens – hier sonnt man sich auf grünem Grund.

Pellworms Brücke zur Welt:
der Fähranleger

In Pellworms Hafen Tammensiel liegen Krabbenkutter und Sportschiffe einträchtig beieinander.

Krabbenkutter mit weit ausholendem Fanggeschirr und trichterförmigen Netzen gehören zum typischen Bild des Wattenmeers. Ihre Beute, die Krabben genannten Garnelen, sind lebend so grau wie das Watt. Noch auf See gekocht, bekommen sie die bekannte rot-braune Farbe.

Im äußersten Westen Pellworms steht gleich hinter dem Deich die Kirche St. Salvator. Ihre Turmruine dient der Schifffahrt bis heute als Landmarke.

Geschichte

Special

Rungholt – Legende und Wirklichkeit

Manchmal ist in windstillen Nächten vor Pellworm und Nordstrand ein Läuten zu hören, und ein Wehklagen zieht durch die dunkle Nacht – Klänge aus dem versunkenen Rungholt.

Helmut Bahnsen in seinem Museum

Hätten die vom Glück verwöhnten Bewohner in ihrem Übermut nicht Gott verhöhnt, würde die sagenumwobene Stadt noch stehen, es gäbe keine Halligen, und die „grote Mandränke", die Sturmflut 1362, hätte nicht stattgefunden. So hörte es der Dichter Detlev von Liliencron, 1882 Hardesvogt auf Pellworm, von den Insulanern – und schrieb flugs eine seiner schönsten Balladen, vom norddeutschen Rock-Musiker Achim Reichel 1978 vertont. Man mag die Legende glauben oder nicht – Rungholt gab es. 1361 wurde die Stadt in einer Handelsvereinbarung mit Hamburger Kaufleuten erwähnt, 1636 noch vom Husumer Kartografen J. Mejer verzeichnet. Als sich 1920 die Strömung im Watt änderte, gab die See erste Spuren frei: Scherben von Töpfen und Krügen, Reste von Schleusen und Pfählen. Zeugnisse von Rungholt? Die Suche geht weiter. Einige Funde zeigt der frühere Fischer Helmut Bahnsen in seinem Rungholt-Museum. Das Schicksal Rungholts und der vielen in Jahrhunderten untergegangenen Dörfer ist Anlass für die „Rungholttage", im August auf Nordstrand begangen (www.rungholt-gesellschaft.de).

werbsbetriebe mit Milchvieh, Schafen und Bullenmast gibt es auf Pellworm, 15 Prozent davon sind Öko-Landwirte. Im Mai lassen die Rapsfelder die Insel gelb leuchten, im Sommer die wogenden Weizenfelder. Die Fischer holen Garnelen, Seezungen und Meeräschen aus den Netzen; von März bis November fahren die sechs Krabbenkutter aufs Meer hinaus. Am Kai wird ihr Fang gleich vom Kutter verkauft.

Mit der Einrichtung des höchsten Standesamtes Deutschlands im Pellwormer Leuchtturm, der auf 127 Eichenpfählen im Süden der Insel ruht, begründete der Standesbeamte Dieter Clausen 1998 Pellworms Ruf als Hochzeitsinsel. Ein kleines Stück weiter drehen sich mächtige Windräder. Umweltbewusste Energieerzeugung ist auf der grünen Insel nicht nur politischer Wille, sondern auch profitabel: Im Hybridkraftwerk bei Tammensiel werden jährlich 1,5 Millionen Kilowattstunden Strom aus Wind und Sonne erzeugt und ins Netz eingespeist. „Ökologisches Wirtschaften" ist auch das oberste Anliegen eines gleichnamigen Vereins, der nachhaltige Konzepte für die Landwirtschaft, die Energieerzeugung und den Fremdenverkehr entwickelt und die Insel zur Jahrtausendwende zum Projekt der deutschen Weltausstellung machte.

Die Nordstrander Töpferei in Süden arbeitet nach alten Vorbildern.

Süderhafen war ein Jahrhundert lang Nordstrands Tor zur Welt – bis der Damm durch die Nordstrander Bucht gebaut wurde.

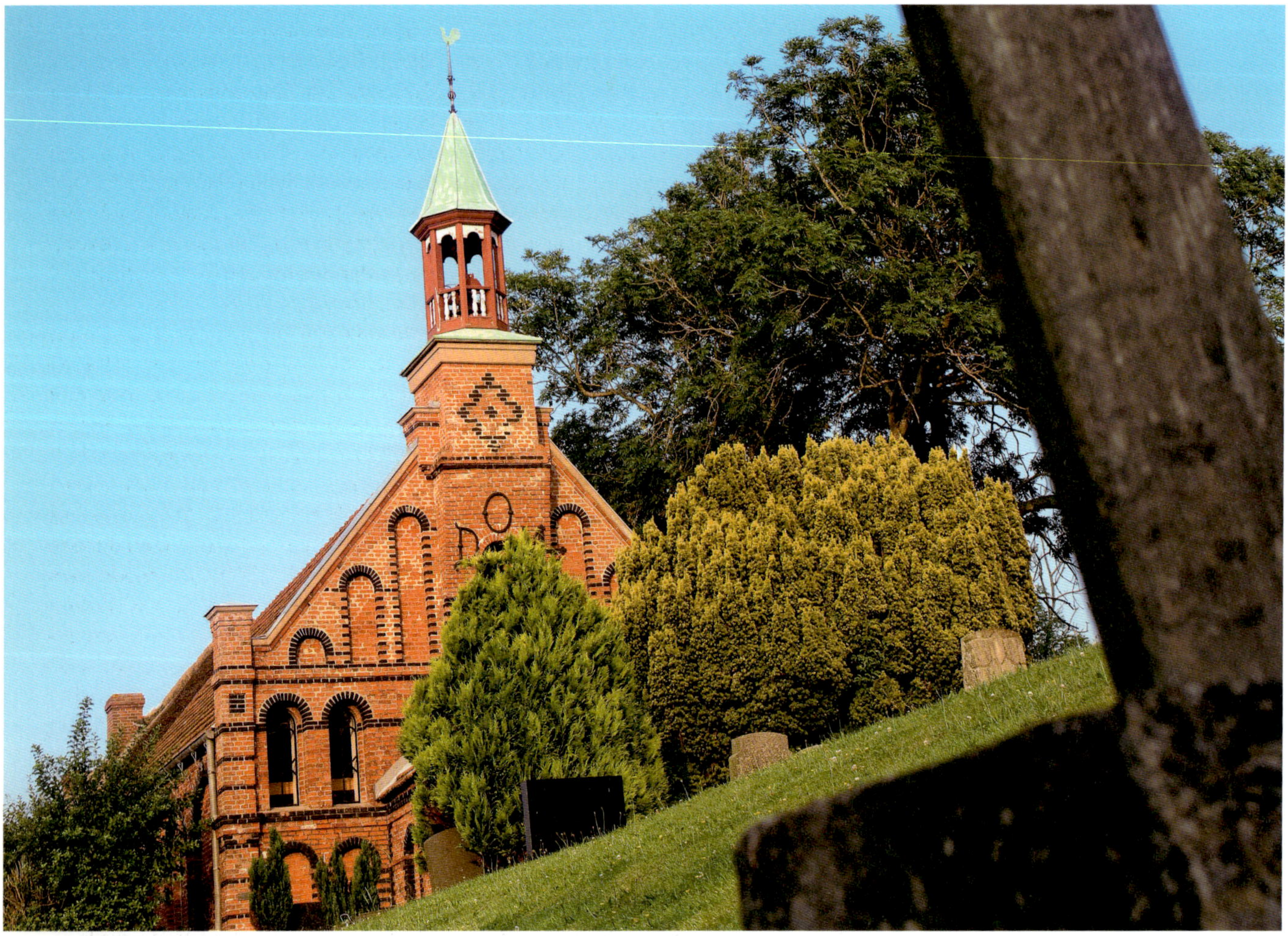

Nordstrands Altkatholische Kirche St. Theresia am Osterdeich in Süden erinnert an die „niederländischen" Zeiten.

Buchstäblich oben: Höher als auf dem Deich geht es nicht.

Der Beltringharder Koog wurde zum größten Naturschutzgebiet des schleswig-holsteinischen Festlands erklärt – und machte Nordstrand zur Halbinsel.

Ungeliebte Holländer

Hinüber nach Nordstrand braucht die Fähre 35 Minuten. Anders als auf Pellworm, wo nach der großen Sturmflut die Bewohner ihre Insel selbst neu eindeichten, hatte Nordstrand eine Landflucht erlebt – die Bewohner waren bis in die Uckermark geflüchtet. Um die nahezu verwaiste Insel zu erhalten, unterschrieb der Gottorfer Herzog Friedrich III. 1652 den ersten „Oktroy" Nordfrieslands. Dieser Freibrief sprach dem Brabanter Deichgrafen Quirinius Indervelden weitreichende Rechte auf der Insel zu, sollte er sie erfolgreich vor dem Zugriff des Meeres schützen. Als neuer Eigentümer waren Indervelden und seine katholischen Deichbauern aus den Niederlanden über Jahre von allen Abgaben befreit und oberste Herren von Gericht, Polizei, Kirche und Verwaltung. Die verbliebenen Insulaner empfingen die neuen Bewohner mit Ablehnung. Ihre Proteste jedoch blieben fruchtlos. Denn: „Wer nich will dieken, der mutt wieken" – wer nicht deichen will, muss weichen, so lautet seit jeher die harte Wirklichkeit an der Küste. Und die neuen Herren waren erfolgreich. 1654 wurde als erster der heutige Alte Koog eingedeicht, und mit dem 1691 als letztem fertiggestelltem Neukoog war der größte Teil der Insel wieder flutsicher trockengelegt.

Erst mit dem französischen Grafen Jean Henri Desmercières wendete sich das Schicksal der Einheimischen. Der Blaublüter, der in Dänemark Karriere als Konferenzrat gemacht hatte, ließ 1768 den Elisabeth-Sophien-Koog eindeichen. Das neu gewonnene Land vergab Desmercières günstig an die Insulaner, die so wieder Einfluss in ihrer eigenen Heimat gewannen.

Der Oktroy jedoch blieb insgesamt 200 Jahre, bis zur Einführung der Preußischen Gemeindeverfassung nach dem Deutsch-Dänischen Krieg 1864/1865, in Kraft. Durch sie wurde der Küstenschutz – und seine Finanzierung – zur Staatsaufgabe. Die veralteten Stakdeiche mit ihrem Pfahlbollwerk wurden an der Seeseite durch Rasendeiche mit modernem, flachem Profil ersetzt. Landsicherung und Landgewinnung gingen weiter – bis zum 1987 geschlossenen, wie viele der baulichen Maßnahmen zwischen Küsten- und Naturschützern heftig umstrittenen Beltringharder Koog, der große Wattflächen unwiederbringlich zerstörte. Als Ausgleich für die massiven Eingriffe in die Wattenmeernatur wurde er zum größten Naturschutzgebiet des schleswig-holsteinischen Festlands erklärt – und machte Nordstrand zur Halbinsel. Doch ein „Inselgefühl" hat sich Nordstrand bis heute bewahrt.

LAMM

Geheimtipp vom Deichgrün

Sie sind im Küstenschutz unverzichtbar, geschätzt als Fell- und Woll-Lieferant – und für Gourmets ein Hochgenuss. Gründe genug also, um sie alljährlich von Mai bis Juli in den Mittelpunkt der Nordfriesischen Lammtage zu stellen, die auch auf den Inseln gefeiert werden.

Mutter und Kinder auf nordfriesischer
Salzwiese – wer viel für den Küstenschutz
leistet, muss auch mal ruhen dürfen.

Das ganze Jahr hindurch sind sie weiße Tupfer in der grünen Landschaft: die Schafe und Lämmer, die auf den Nordseedeichen weiden. Doch Nordfrieslands Schafe sind mehr als nur hübsche Fotomotive und Kuscheltiere. 162 000 Exemplare, darunter rund 66 000 Lämmer, sollen bei den 870 Schafhaltern in Nordfriesland zu Hause sein. Ihre Zahl ist damit fast ebenso hoch wie die Einwohnerzahl des gleichnamigen norddeutschen Landkreises. Auf den kleineren der Nordfriesischen Inseln haben die Schafe sogar meist die Übermacht – auf Nordstrand beispielsweise ist das Verhältnis Mensch zu Schaf eins zu fünf!

Die Deichpfleger

Bis heute sind Schafe auf den Inseln und im küstennahen Festland ein wichtiger landwirtschaftlicher Faktor. Von Südwestasien, wo die Schafzucht vor rund 4000 Jahren ihren Ursprung hatte, begannen die Schafe ihre viele Jahrhunderte während Wanderung über Persien und das Zweistromland nach Europa. In Nordfriesland gehörten sie wahrscheinlich von Anfang an zur Tierhaltung. Doch erst vor etwa 100 Jahren erkannte man ihren Nutzen bei der Deichpflege und damit auch im Küstenschutz. Vom Frühjahr bis in den Herbst übernehmen die Tiere im Vordeichland die Aufgabe eines „Rasenmähers" und halten das Gras kurz. Gleichzeitig treten die Schafe das Wurzelwerk der Begrünung fest, verdichten den Boden und düngen ihn mit ihrem Kot. „Diesen dreifachen Nutzen, der die Deiche stabilisiert und die Küstenschutzlinie sturmflutsicher macht, kann keine Maschine bieten", sagt Hans-Werner Baumbach, dessen Familie seit mehr als 100 Jahren auf Nordstrand eine Schäferei betreibt.

Wie die Käfer auf dem Rücken

So autark sie auf den Deichen auch wirken mögen, selbst Schafe brauchen gelegentlich ein wenig Hilfe. Denn wenn einem Schaf die Sonne auf die Wolle brennt, legt es sich gerne einmal nieder. Steht es bei dieser Aktion jedoch auf einer unebenen Stelle, landet es nicht wie geplant auf

Lammprodukte machen gute Laune: Arnold Baudewig von der Nordstrander Schlachterei Burmeister.

der Seite, sondern auf dem Rücken – alle vier Beine gen Himmel gestreckt. Aus dieser Zwangslage kann sich kein Schaf selbst befreien, denn mit der vielen Wolle, die das Körpergewicht um ein Vielfaches erhöht, kommt das Tier ohne fremde Hilfe nicht mehr auf seine vier Beine. Unter den Einheimischen ist das Schafsdrehen daher noch immer erste Bürgerpflicht. Schließlich droht ohne die fremde Hilfe der Tod – in Rückenlage drückt der schwere Pansen so stark auf das Zwerchfell, dass Schafe innerhalb von nur zehn Minuten daran ersticken können.

> „Diesen dreifachen Nutzen, der die Deiche stabilisiert und die Küstenschutzlinie sturmflutsicher macht, kann keine Maschine bieten."

Mit grünen Bohnen ser-
viert, ist Lammfilet ein
kulinarischer Klassiker.

Delikatesse von der Salzwiese

Die würzigen Salzgräser auf den Deichen und Weiden sind für die Schafe
die reinste Delikatesse – und verlei-
hen Nordfrieslands Nationalgericht
seinen unvergleichlichen Geschmack:
dem Salzwiesenlamm. Sein zartes,
aromatisches Fleisch, das seit Jahrzehnten französische Gourmets
schwer begeistert, lässt inzwischen
zunehmend auch die Herzen der deutschen Feinschmecker höher schlagen.
Aber es hat nicht nur viel Aroma, es
ist zudem ausgesprochen gesund:
Salzwiesenlammfleisch enthält eher
wenig Fett, aber viel hochwertiges
Eiweiß. Das liegt an der nordfriesischen Heimat der Schafe. Die bis zu
45 Kilogramm schweren Jungtiere,
geschlachtet in einem Alter zwischen
drei und zwölf Monaten, verbringen
ihr kurzes Leben ausschließlich drau-
ßen, im milden Reizklima der Nordsee – und können beim Herumlau-
fen auf den Wiesen und den ausge-
dehnten Deich- und Vorlandflächen
reichlich zartes, schmackhaftes Mus-
kelfleisch aufbauen.

Lammtage

Wie vielfältig Lammfleisch zubereitet
werden kann, können Besucher am
besten zu Zeiten der Nordfriesischen
Lammtage entdecken. Sechs Wochen
lang verwöhnen in dieser Saison
mehrere Dutzend Restaurants ihre
Gäste mit köstlichen Lammgerich-
ten – und Beilagen, die zu entdecken
sich ebenfalls lohnt. Wellem Peters,
Küchenchef der urigen „Seekiste" in
Nebel auf Amrum, garniert seinen
nordfriesischen Salzwiesenlamm-
rücken zum Beispiel mit einem Gemüse, das ebenso ungewöhnlich wie
landestypisch ist: Queller. Der dick-
fleischige „Spargel der Friesen", der
auch als „Meerfenchel" auf den nordfriesischen Speisekarten zu finden ist,
wächst auf Amrum – wie überall wo-
anders in der Region auch – auf den
Wattwiesen.

Fakten & Informationen

Zu den renommierten Schäfereien der norddeutschen
Westküste gehört die *Schäferei Baumbach* auf Nordstrand,
gleich hinter dem Festlandsdamm. 300 Schafe beweiden dort
den Außendeich, 450 Lämmer werden hier jedes Jahr geboren.
Alles rund ums Lamm gibt es ganzjährig im Hofladen: frisches
Lammfleisch, Lammwurstwaren und von Mai bis Oktober auch
frischen Schafs- und Ziegenkäse – pur, in Öl oder mit Kümmel
oder Dill verfeinert. Wie vielfältig die Wolle der Schafe genutzt
wird, zeigt sich beim Stöbern im großen Speicher: Neben
kuscheligen Schaffellen liegen hier warme Wollsocken, Filzwa-
ren – und Seife, die dank des enthaltenen Wollwachses Lanolin
die Haut nicht austrocknet.
Schäferei Baumbach, Pohnshalligkoogstraße 1,
25845 Nordstrand, Tel. 04842 4 95,
www.lammfleisch.de

Kurz und fest soll das
Gras auf Nordfrieslands
Deichen sein – Schafe
sorgen dafür.

Zu Besuch auf den beiden Stillen

Pellworm und Nordstrand entstanden in einer einzigen Sturmnacht, die bis heute ins kollektive Gedächtnis der Bewohner eingebrannt ist. Seither ist hinsichtlich des Küstenschutzes viel geschehen, und so können beide „Inseln" ihren Feriengästen sorgenfreien Urlaub garantieren – in einem Land der Schafe. Nicht ohne Grund feiert man auf Nordstrand vor allem die Nordfriesischen Lammtage.

Blühendes Rapsfeld – ein typisches Frühsommerbild

➊ Pellworm

„Grenzenlose Einsamkeit! Herrlich", schwärmte der Dichter Detlev von Liliencron 1891 von seiner Lieblingsinsel, auf der er 1882/1883 als Deichhauptmann gewirkt hatte. Und noch immer fehlt auf der 37 km² großen Marscheninsel eines: Hektik. Die grüne Insel (1161 Einw.) ist bis heute ein Ort der Beschaulichkeit und Ruhe – und ein ideales Sprungbrett für Ausflüge zu den Halligen, die Pellworm strahlenförmig umgeben. Großräumiger Torfabbau – und dadurch verursachtes tief liegendes Land – hatte es 1634 der Burchardiflut erleichtert, die Insel Strand zu zerschlagen. Ihr Westteil wurde zu Pellworm.

SEHENSWERT
Wahrzeichen Pellworms ist die **Alte Kirche St. Salvator** TOPZIEL (1200) im Alten Koog im Westen der Insel. 1611 stürzte die Osthälfte des ursprünglich 52 m hohen Kirchturms ein. Im Innern birgt das Gotteshaus neben einem Altar und einer Bronzetaufe aus dem 15. Jh. ein Kleinod: Schleswig-Holsteins einzige Arp-Schnitger-Orgel (1711), auf der in der Saison regelmäßig Orgelkonzerte stattfinden. Die **Neue Kirche** im Großen Koog erhielt erst 1621/1622 ihren heutigen Standort. Ihr Inventar stammt zumeist aus den 1634 zerstörten Alt-Nordstrander Kirchen. Der Pellwormer **Leuchtturm** (1907, 41,5 m) entstand zeit- und weitgehend baugleich mit zwei weiteren Leuchttürmen in Nordfriesland: Westeversand auf Eiderstedt und Hörnum auf Sylt – sie

wurden allesamt aus rund 700 gusseisernen Teilen errichtet, werden von 16 400 Bolzen und Schrauben zusammengehalten. Heute ist der Turm an der Südküste nicht nur bei Ausflüglern beliebt, die die Fernsicht genießen, sondern auch bei Brautpaaren. Am Bekstrom nördl. von Seegarden betreibt E.ON Hanse das größte **Hybridkraftwerk** Europas. Wie mithilfe neuer Technologien aus der Sonne, die hier besonders häufig scheint, und den Küstenwinden der kalten Jahreszeit seit inzwischen 25 Jahren CO_2-freier Strom produziert wird, erfahren Besucher im Infozentrum. Das 1983 errichtete Hybridkraftwerk soll in den nächsten Jahren um ein Wasserstoff- und Brennstoffzellensystem ergänzt und zum Tribidkraftwerk erweitert werden. In der **Vogelkoje** im Nordosten wurden 1905–1946 Enten und Gänsen gefangen – heute kann man dort spazieren gehen und die Anlage auf Führungen des Vereins für Naturschutz und Landschaftspflege „Mittleres Nordfriesland" (Tel. 04846 2 59) kennenlernen.

MUSEEN
Im **Rungholtmuseum** des Heimatforschers und Hobby-Archäologen Helmut Bahnsen lassen sich die Spuren der rund um Pellworm untergegangenen Siedlungen entdecken (Westerschütting 2, Tel. 04844 5 69, Mi. ab 15.00 Uhr, Erw. 3 €). Das **Inselmuseum** in der Tourist-Information präsentiert auf kleinstem Raum kompakt die Entstehungs-, Siedlungs- und Kul-

140 Stufen zum Ja-Wort

Auf dem neunten Deck des rot-weiß geringelten Pellwormer Leuchtturms sind Brautleute im siebten Himmel. Seit 1998 haben sich im höchsten Standesamt Deutschlands mehr als 3400 Paare vor Rettungsring, Steuerrad und Anker ihr Ja-Wort gegeben. Ein passender Ort – immerhin stehen diese Seezeichen unübersehbar für Zuverlässigkeit, Kraft und Stärke, Treue und Sicherheit, und das zu allen Zeiten. Immer dabei ist der pensionierte Kapitän Wilfried Eberhard. Er arrangiert das einstündige Beiprogramm, lässt die Schiffsglocke „tuten", teilt Sekt und Glückscent aus und schickt die frisch Vermählten zur ersten Belastungsprobe ihrer jungen Ehe noch einige Treppen höher, hinaus auf den äußeren Leuchtturmring. Der Wind pfeift, doch nach altem Pellwormer Brauch muss das Pärchen jetzt einmal um den Leuchtturmring gehen …

LEUCHTTURM-HOCHZEIT
Wilfried Eberhardt, Schardeich 10, 25849 Pellworm, Tel. 04844 99 08 80, www.leuchtturm-hochzeit.de

turgeschichte der Insel (Uthlandestraße 2, April–Okt. Mo.–Do. 8.00–12.00 und 14.00–16.00, Fr. 8.00–12.00, sonst Mo.–Do. 8.00–12.00 und 14.00–16.00 Uhr, Eintritt frei). Im **Dampferschuppen** am Alten Hafen verdeutlichen Karten, Fotos, Modelle und andere Exponate die Arbeit der Fischer, Seeleute und Schiffer (Am Alten Hafen/Nordseite, Tel. 04844 12 66, April bis Nov. tgl. 10.00–17.00 Uhr, Erw. 3 €). Flora und Fauna des Nationalparks präsentiert die **Schutzstation Wattenmeer** in ihrem naturkundlichen Informations- und Erlebniszentrum. In Aquarien sind heimische Meeresbewohner zu sehen (Villa Wattwurm, Osterschütting 9, Tel. 04844 7 60, www.schutzstation-watten meer.de, Mo.–Do., Fr., Sa. 10.00–13.00, 14.00 bis 17.00, So. 14.00–17.00 Uhr).

AKTIVITÄTEN

Hauptattraktion des **PelleWelle Freizeitbads** ist die 62 m lange Wasserrutsche (Uthlandestraße 6, Tel. 04844 99 04 49, www.pelle-welle -freizeitbad.de, Mo. 10.00–16.00, Di.–So. 14.00 bis 20.00 Uhr). Beim **Krabbenfischen** mit der „de Puuk" wird wie in früheren Zeiten in den Prielen mit dem Fangnetz nach Krabben gefischt (Info: Tourist-Information). Südw. liegt **Süderoog**, die kleinste der ganzjährig bewohnten Halligen (außerhalb des Kartenausschnitts, s. Karte S. 112); die naturkundlichen **Wattwanderungen** dorthin (4 km) begleiten Führer der Schutzstation Wattenmeer (Villa Wattwurm,

Tipp

Brieftransport im Watt

Das Wattenmeer ist seine Heimat: Zweimal pro Woche trägt Knud Knudsen die Post für die Bewohner der kleinen Hallig Süderoog 7 km zu Fuß durchs Watt. Auf diesem Weg nimmt Deutschlands einziger Wattpostbote auch kleine Gruppen mit – pro Strecke dauert die Tour anderthalb Stunden.

WATT-TOUR MIT KNUD KNUDSEN
Infos beim Kur- und Tourismusservice, Uthlandestraße 2, 25849 Pellworm, Tel. 04844 1 89 40, www.pellworm.de

Schafe grasen auf Nordstrands Deich (oben), besonders stimmungsvoll geht es zur Hallig Südfall per Kutsche (rechts).

www.schutzstation-wattenmeer.de, s. o.). An der Hooger Fähre beginnen **Bootsausflüge** zur Hallig Norderoog und nach Norderoogsand.

RESTAURANTS

Appetit auf eine gebratene Nordseescholle mit Speck, Schalotten, Krabben und Kräuterkartoffeln? Sie schmeckt im Restaurant des **Hotels Friesenhaus** (Kaydeich 17, Tel. 04844 99 04 90, www.hotel-friesenhaus-pellworm.de). Gutbürgerlich ist die Fischküche im **Nordseeblick** (Tammensiel 4, Tel. 0484 42 11). Schnitzel mit Krabben und Spiegelei dagegen gibt es im **Gasthaus Hooger Fähre**, von dessen Sonnenterrasse sich eine weite Sicht auf die Felder und Wiesen Pellworms eröffnet (Hooger Fähre 5, Tel. 04844 99 23 23, www.gasthaus-pellworm.de).

VERANSTALTUNGEN

Mit dem **Biikebrennen** am 21. Feb. beginnt der Festkalender. Im Juni oder Juli gibt es auch hier **Ringreiter-Wettbewerbe**. Bei den **Pellwormer Rosentagen** (Juni) öffnen sich die Pforten privater Gärten. Touristisch ist das **Hafenfest** (Aug.), für Freizeitsportler ist der **Triathlon „Trifun"** (Aug.) gedacht.

INFORMATION

Kur- und Tourismusservice, Uthlandestraße 2, 25849 Pellworm, Tel. 04844 1 89 40, www.pellworm.de

❷ Nordstrand

Nordstrand (2196 Einw.) wird von allen Nordfriesischen Inseln noch am stärksten von Landwirtschaft geprägt, ist aber seit Fertigstellung des Festlanddamms 1934 und der Einrichtung des Beltringharder Koogs 1987 keine Insel mehr. Auch Nordstrand (30 km²) entstand 1634 durch die Burchardiflut. Es ist die Heimat von Peter Harry Carstensen, Schleswig-Holsteins ehemaligem Ministerpräsidenten (2005–2012). Das Nordseeheilbad war schon Filmkulisse. Für „Der Pfarrer von St. Pauli" (1970) mit Curd Jürgens in der Hauptrolle wurde u. a. im heutigen Landgasthof Herrendeich und am Strandabschnitt Strucklahnungshörn/Norderhafen gedreht. Nach dem beachtlichen Erfolg seines Debütfilms „Bergfest" drehte Florian Eichinger im Herbst 2011 mit „Nordstrand" den zweiten Teil seiner Trilogie über familiäre Gewalt.

SEHENSWERT

Auf Nordstrand gibt es die älteste deutsche Gemeinde der Altkatholischen Kirche; sie entstand nach der Einwanderung niederländischer Deichbauspezialisten. Ihr 1662 erbauter Backstein-„Inseldom" **St. Theresia** (Osterdeich 1, www.inseldom.de) steht unter Denkmalschutz. Die römisch-katholischen Gläubigen erhielten erst 200 Jahre später das Recht, auf Nordstrand eine eigene Kirche zu bauen – 1866 errichteten sie ihre Pfarrkirche **St. Knud** (Herrendeich 2). Ältestes Gotteshaus der Insel ist die mittlerweile ev. **St.-Vinzenz-Kirche** in Odenbüll aus dem 13. Jh., die einen spätgotischen Schnitzaltar (um 1480) und eine Kanzel von 1605 birgt; sie ist eine von drei der einst 22 Kirchen, die die Flut 1634 überstanden. In der **Vogelkoje** im Alten Koog wurden bis 1965 Enten gefangen (Tel. 04842 90 34 03, Führungen Mitte Mai–Okt. Mi. und So. 11.00 Uhr). Vor den Deichen Schleswig-Holsteins, auf den nordfriesischen Halligen und an der Küste Nordstrands erstrecken sich Salzwiesen auf mehr als 10 000 ha; durch diesen einzigartigen Lebensraum, in dem jährlich Hunderttausende Vögel brüten, führt der **Salzwiesenlehrpfad** am Süderhafen (April–Okt.).

MUSEEN

Von der Flut 1634 und anderen Ereignissen der Geschichte berichtet das **Heimatmuseum** (Süden 33, Tel. 04842 3 44, 1. Sept.–14. Juli, Mo.–Do. 8.00–12.00, 14.00–16.00, 15. Juli bis 31. Aug. Mo.–Do. 8.00–17.00, Fr. 8.00–12.00 Uhr, Eintritt frei). Eine gute Einführung in die Natur des Welterbes Wattenmeer bietet das **Nationalparkhaus** (Am Kurhaus 27a, Juni bis Sept. Mo.–Fr. 10.00–18.00, Sa. und So. 9.00 bis 17.00, sonst Mo.–Fr. 14.00–18.00, Sa. und So. 14.00–17.00 Uhr).

AKTIVITÄTEN

Leihfahrräder gibt's bei Uhle's Fahrradverleih (Osterdeich 26, Tel. 04842 2 19) und beim Feriendienst Thiessen (Am Kurhaus 36, Tel. 04842 10 16). Geführte **Wattwanderungen** bieten Gabriele und Thomas Kluge (Westen 73, Tel. 04842 90 30 93), Regine Brauer (Westen 35, Tel. 04842 83 60) und die Schutzstation Wattenmeer (Tel. 04842 5 19) an. Die Hallig Nordstrandischmoor lässt sich auf **Ausflugsfahrten** der Adler-Schiffe entdecken (Hörnstraße 3, Tel. 04842 9 00 00). Ist das Meer zu kalt, sorgt das **Schwimmbad** für reichlich Badespaß (Am Kurhaus 27, Tel. 04842 4 66, Juni–Sept. 10.00 bis 12.00 und 14.00–19.00 Uhr, sonst kürzer).

CAFÉS
Unter dem Reetdach des **Pharisäerhofs** soll 1872 das friesische Nationalgetränk erfunden worden sein (Elisabeth-Sophien-Koog 3, www. pharisaerhof.de). Friesische Spezialitäten servieren die Kreutzfelds in der 1889 erbauten **Engel-Mühle** (Süderhafen 15, Tel. 04842 2 14, www.engel-muehle.de, Mo. Ruhetag).

EINKAUFEN
Vorbild der traditionellen Gebrauchskeramik der **Nordstrander Töpferei** im typischen Grau-Blau sind Funde aus dem Watt (Süden 44, Tel. 04842 400, www.nordstrander-toepferei. de). Nach dem Besuch der Töpferei lädt die angeschlossene **Nordstrander Teestuv** zur Teestunde bei Earl Grey und Orange Pekoe und die Galerie **Lat di Tied** ins kleine Keramikmuseum.

VERANSTALTUNGEN
Auch auf Nordstrand flammen am 21. Febr. die **Biike-Feuer** auf. Die **Nordstrander Rungholttage** (Mai, www.lust-auf-nordstrand.de) informieren über die Geschichte der Insel. Der **Skating-Marathon** führt durch den Beltringharder Koog (Mai, www.nordfriesland-skating. de). Dauerbrenner sind die **Nordfriesischen Lammtage** mit großem Programm (www. lammtage.de, Mai–Juli).

UMGEBUNG
Wo vor 1362 das legendäre Rungholt gelegen hat, erhebt sich heute die 56 ha große **Hallig Südfall** TOPZIEL. Da sie sich in der Schutzzone 1 im Nationalpark Schleswig-Holsteinisches Wattenmeer befindet, darf das Mini-Eiland nur von geführten Gruppen betreten werden. Kutschfahrten und Wattführungen zur Hallig starten bei Fuhlehörn auf Nordstrand (Auskunft und Anmeldung zu Kutschfahrten bei Werner Andresen, Tel. 04842 3 00, Mai bis Okt. 8.00–12.00 Uhr). Auf der einzigen Warft lebt während des Sommers das Ehepaar Erichsen; als Nationalparkwarte sorgen sie für den Natur- und Vogelschutz auf der Hallig, die seit 1959 unter Naturschutz steht.
1987 wurde der neue Deich durch die ehem. Nordstrander Bucht geschlossen. Diese Maßnahme des Küstenschutzes schuf den 3350 ha großen **Beltringharder Koog**, der sich zu einem vom Menschen unbeeinflussten Rückzugsgebiet für rastende und brütende Vögel entwickelt hat. Auf einem interessanten Fuß- und Radweg – seiner Länge wegen ist er besonders für Radler geeignet – kann man das Gebiet umrunden, unterbrochen von etlichen Aussichts- und Informationspunkten.

INFORMATION
Kurverwaltung, Schulweg 4, 25845 Nordstrand, Tel. 04842 4 54, www.nordstrand.de

Genießen   Erleben   Erfahren

Ausritt durchs Watt

DuMont
Aktiv

Ein eindrucksvolles Erlebnis für Ross und Reiter ist ein Ausritt in die Weite des Wattenmeers. Besonders geeignetes Revier dafür ist Pellworm – dort begleiten auch professionelle Wanderreitführer solche Ausflüge zu Pferde.

Los geht es am Leuchtturm, dann gemeinsam im Schritt den Strand hinab bis zum Flutsaum. Nur zögerlich lassen sich Pferde, die nicht auf der Insel leben, sondern mit den Gästen angereist sind, dazu bewegen, den so fremd erscheinenden Meeresboden zu betreten. Je weiter die Reiter ins Watt traben, umso stärker ist ihr Drang zurück zum Land. Doch auch auf Pellworm gilt: Geritten werden darf im Watt erst in einer Distanz von 400 Metern zum Land.

Am ersten Priel steht ein Wanderer bis zum Bauch im Wasser. Die Pferde zögern, stapfen dann aber mutig durch die Fluten. Schnell ist das Hindernis überwunden, und weites Watt erstreckt sich bis zum Horizont, lädt ein zum Galopp durch Pfützen und Sand, bis es hoch aufspritzt. Die Pferde genießen den federnden Boden, die Reiter das Gefühl endloser Freiheit. Auf dem Rückweg wird der Priel zum Badepool: Nicht mehr ängstlich, sondern forsch tauchen sie ein ins salzige Nass. Ross und Reiter genießen die Abkühlung, ehe die Gruppe zurück trabt – rechtzeitig vor der Flut, die mit überraschender Geschwindigkeit wieder den Wattboden bedeckt.

Weitere Informationen

Reitimpulse
Nancy Petersen, Bi de Kark 13,
25938 Wirxum-Föhr, Tel. 04681 50 15 88,
www.reitimpulse.de

Reitstall Appelhof
Matthias Sielaff und Meike Ruppertz, Schulstr. 9, 25849 Pellworm, Tel. 04844 2 24,
www.wattreiten.de

Haben sie sich erst einmal an den ungewohnten Untergrund gewöhnt, werden auch „Festlandspferde" schnell zu „Seepferdchen".

Oasen im Wattenmeer

Heißt es „Landunter", schaffen es die Halligen manchmal sogar in die Nachrichten. Auch wenn hier Telefon, Fernsehen und Internet mittlerweile genauso selbstverständlich sind wie auf dem Festland: Meist ist es auf den verbliebenen zehn deutschen Eilanden ziemlich ruhig. Das macht sie auch für Urlauber zu einer Besonderheit, selbst wenn kein Sturm das Wasser bis an die Warfaten peitscht.

Ein Hauch von Idylle weht über die Hallig Langeneß –
und fast immer eine kräftige bis stürmische Brise.

Mitten auf der Hooger Hanswarft liegt noch der alte Fething.

Die Hallig-Rinder sind Sommergäste. Nur während der sturmflutarmen warmen Jahreszeit beweiden sie die saftigen Grünflächen.
Die Kirche von Langeneß diente bis 1975 zugleich als Halligschule.

Blick in den Pesel, die Gute Stube, des Friesenpesels auf Hallig Hooge

„Nirgendwo sonst auf der Erde führen Menschen ein derart amphibisches Dasein wie auf den weltweit einzigartigen Halligen Nordfrieslands."

Jürgen Diedrichsen, Hallig Hooge

Für Theodor Storm waren sie 1871 „schwimmende Träume": die Halligen. Malerisch heben sich ihre grasbewachsenen Hügel – die Warften – aus der Weite des Meeres. Bei Sturmflut sicherten diese künstlichen Hügel, ursprünglich mühsam aus Kleiboden aufgeschüttet und regelmäßig erhöht, das Überleben. Einst gab es mehr als 100 dieser kleinen Eilande im Wattenmeer. Im Gegensatz zu den Nordseeinseln entstanden sie nicht aus einem eiszeitlichen Geestkern, sondern erst nach den beiden Groten Mandränken (Sturmfluten) von 1362 und 1634 aus aufgehäuftem Schlick. Das macht sie weltweit so einzigartig.

Doch was das Meer gegeben hat, nimmt es auch wieder: 1825 zerstörte die „Halligflut" 90 Prozent aller Warften auf den Halligen, 1890 verschwand die Beenshallig südlich von Gröde. Noch heute heißt es auf der Hallig Nordstrandischmoor jedes Jahr rund 30 Mal „Landunter". Erst im frühen 20. Jahrhundert wurde die Bedeutung der Halligen als Wellenbrecher für die Festlandsmarschen erkannt. Hunderte norwegische Findlinge schützen daher seit den 1960er-Jahren als „Igel" die insgesamt 52 Kilometer lange Hallig-Küste, die daher kaum noch ihre Gestalt und Größe verändern. Angesichts des erwarteten Anstiegs des Meeresspiegels von bis zu 1,2 Metern infolge des Klimawandels werden jetzt auch für die Halligen Sandvorspülungen wie auf Sylt und Föhr vom Umweltministerium des Landes Schleswig-Holstein geprüft.

Nur fünf der Mini-Eilande sind ständig bewohnt: Hooge, Langeneß, Oland, Gröde-Appelland und Nordstrandischmoor. Norderoog, Süderoog und Südfall lassen sich nur auf betreuten Führungen entdecken. Hallig Habel darf als Vogelschutzgebiet nicht betreten werden.

Ditten, Fethinge und Sooten

Wie hart, entbehrungsreich und gefahrvoll das Leben der Halligbewohner war, zeigt das Kapitän-Tadsen-Museum auf Langeneß, das in einem der wenigen erhaltenen Häuser aus dem 18. Jahrhundert beheimatet ist. Bis Mitte des 20. Jahrhunderts hatten die Halligbewohner weder Strom noch fließend Wasser. Da es auf den Inseln kein Holz gab, wurde zum Heizen und Kochen Kuhdung getrocknet und in brikettgroße Ditten geschnitten, zum Trinken Regenwasser gesammelt. Ein tief gegrabener Teich im Zentrum der Warft, Fething genannt, diente als Viehtränke. Für die Menschen wurde der Niederschlag in Sooten gesammelt, Brunnen, die mit Grassoden ausgelegt waren. Erst als die Sturmflut von 1962 sämtliche Süß-

Hier wird friesisch gesprochen:
Willkommen auf Oland!

Pricken, einfach in den Boden eingespülte Birken,
weisen den Weg in Olands kleinen Hafen.

Der Westteil der Hallig Langeneß – am Horizont ist rechts
der Kniepsand von Amrum zu erkennen.

In dem kleinen Hafen von Hallig Hooge gibt es auch einen Steg für Freizeitkapitäne.

Natur

Wenn die See kommt

Special

Mehrmals im Jahr werden die Halligen vollständig überflutet, „laufen blank". Bei diesem „Landunter", das den Oländer Heimatdichter Wilhelm Lobsien zu seinem populären gleichnamigen Roman inspirierte, ragen nur noch die Warften aus den Fluten.

Fast alle Halligen besitzen heute rund um die auf 5,5 Meter erhöhten Warften Sommer- und Ringdeiche. So konnte die Zahl der schweren Überflutungen auf Hooge beispielsweise auf zwei bis drei pro Jahr gesenkt werden. Doch die großen Eindeichungsprojekte vor den Festlandmarschen wie der Beltringharder Koog haben für immer höher auflaufende Sturmfluten auf den Halligen gesorgt.

Landunter hat aber auch seine guten Seiten, denn bei jeder Überflutung werden neue Sedimente auf dem Halligboden abgelagert. Die Hallig wächst dadurch weiter in die Höhe – und der Boden erhält neue

Nährstoffe, die für den Erhalt der ursprünglichen Vegetation wichtig sind: den der Salzwiesen. Und längst ist Landunter auch ein touristisches Ereignis geworden. Mit zwei Webcams können Halligfreunde auf dem Internetportal www.halligen.de Halligleben und ein Landunter erleben – ohne nasse Füße zu bekommen.

wasservorräte vernichtet hatte, wurden Wasserleitungen zum Festland gelegt. Neue Bauten, die ein zentrales, tief in der Warft verankertes Betongerüst und einen Schutzraum im Dachgeschoss haben, ersetzten die zerstörten Häuser.

Ernährt wurde sich von dem, was die Natur ringsum hergab. Die Halligbewohner sammelten Wildpflanzen und Vogeleier und züchteten Vieh auf der Allmende. Denn das Land war Gemeineigentum und wurde alljährlich neu aufgeteilt. Privatland gab es für die Halligbewohner erst in den 1930er-Jahren, als die Größe der Halligen nach Ausbau der Befestigungen nicht mehr abnahm. Einzig auf Gröde blieb die traditionelle Landnutzung bis heute erhalten.

Während die überwiegende Zahl der Halligbauern durch den ständigen Landverlust zunehmend verarmten und viele Fischer unter dem Ausbleiben der großen Fischschwärme litten, erlangten im 17. und 18. Jahrhundert einige wenige Halligbewohner beim Walfang und in der Handelsschifffahrt beträchtlichen Wohlstand. Zeugnisse wie der Königspesel auf Hooge, ein reich geschmückter Raum für besondere Anlässe, zeugen von diesen Zeiten.

Eine lohnende Investition

Heute sorgt der Tourismus für gutes Einkommen. Ausschließlich von der Land-

Das Watt lässt sich zu Fuß oder bequemer von einer Kutsche aus erleben.

Bis Oktober 2014 brachte Fiede Nissen die Post auf die Halligen – dann ging der Postschiffer nach 37 Jahren Dienst in Rente. Die Lore bringt Gäste und Gepäck nach Nordstrandischmoor.

Das Fahrrad ist das Hallig-Verkehrsmittel nicht nur
auf Hooge – hier bei der Kirchwarft.

wirtschaft lebt kein Halligbauer mehr. Die extensive Weidewirtschaft mit Tieren vom Festland, die in der „Sommerfrische" auf den Halligen grasen, wird nur noch von wenigen betrieben – fast jeder Halligbewohner hat ein Zweiteinkommen im Natur- und Küstenschutz.

In der Halligwelt liegen auch die Wurzeln der 1962 gegründeten Schutzstation Wattenmeer. Die größte gemeinnützige Naturschutzorganisation an der nordfriesischen Küste errichtete im Biggerhus auf der Hooger Volkertswarft das erste Infozentrum. Erhalt und Förderung des lokalen Kulturerbes ist das Ziel der 1990 ins Leben gerufenen Stiftung Nordfriesische Halligen. Denn im Wettstreit zwischen Tourismus, Natur- und Küstenschutz ist in den letzten Jahrzehnten bereits viel verloren gegangen von der Einzigartigkeit der Halligwelt mit ihren ständig wechselnden, weichen Übergängen zwischen Marsch und Watt, ihrem Kulturerbe und ihren traditionellen Kulturtechniken. Erst jüngst musste auf Hooge ein Scheetels, eines der letzten Frischwassersammelsysteme, der Vergrößerung einer Warft weichen.

Es wurde viel investiert in den Erhalt dieser einzigartigen Welt – es bleibt allerdings auch noch viel zu tun, damit sich das besondere Leben auf diesen Landtupfern in der Nordsee erhält.

Die schönsten Tagesausflüge

Darf's ein bisschen mehr sein?

Alles gesehen? Dann lohnt es sich vielleicht, noch über den Tellerrand zu blicken: In Schleswig-Holstein und Dänemark gibt es noch einige Attraktionen zu entdecken. Und meist sind sie nur einen Katzensprung vom eigenen Domizil entfernt.

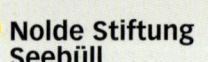

3 Sønderjylland

Seit 2014 macht ein neuer Busservice es kinderleicht, das südliche Jütland von Sylt aus zu entdecken. Immer Di., Mi. und Do. fährt der Sommerferienbus um 10.15 Uhr am Hafen von Havneby/Rømø ab, der – mit deutschsprachigem Guide an Bord – über Lakolk, Hjerpstedter Oldtidspark, Scherrebek, Toftlund, Lügumkloster, Bredebro, Hoyer und Mögeltondern nach Tønder fährt. Unterwegs entscheidet man selbst, in welchem der angebotenen Orte man für drei bis vier Stunden auf Entdeckungstour gehen möchte. Am Nachmittag fährt der Bus über alle Städte zurück nach Havneby. Zurück nach Sylt geht es mit der Fähre um 17.25 Uhr.

Tel. +45 21 75 51 30, Tagesticket Bus + Fähre 19,90 €

2 Rømø

Nur 35 Minuten braucht die MF SyltExpress, um vom Lister Hafen zur dänischen Nachbarinsel Rømø überzusetzen. Vom Fährort Havneby sind es nur 2 km bis zum Sønderstrand, der mit dem Auto befahren werden darf. Schöner ist jedoch der zweite Autostrand der Insel, Lakolk. Ganz in der Nähe versteckt sich die kleinste und älteste Schule Dänemarks: ein reetgedecktes Häuschen mit einem Stuhl und dem Ständer einer Staffelei. Im Frühling rasten Millionen Stare auf Rømø, später kommen Tausende Gänse.

Rømø-Sylt Linie
Tel. 0461 86 46 01
www.syltfaehre.de

1 Hochseeinsel Helgoland

Rot ist die Kant, grün ist das Land, weiß ist der Strand – das sind die Farben von Helgoland: Deutschlands einzige Hochseeinsel erreicht der High-Speed-Katamaran MS Adler-Express von Nordstrand, Sylt, Amrum und Föhr in rund zwei Stunden. Es bleibt also genug Zeit, die Hummerbuden am Hafen, den Buntsteinfelsen Lange Anna und das Oberland auf einem 3 km langen Rundweg zu erkunden.

Adler-Schiffe
Tel. *01805 12 33 44
www.adler-schiffe.de

4 Nolde Stiftung Seebüll

Blumen in leuchtenden Farben, Nordsee im Abendlicht und weite Landschaften unter dem hohen nordfriesischen Himmel: Emil Nolde, 1867 als Hans Emil Hansen im kleinen Ort Nolde nahe der deutsch-dänischen Grenze geboren, gehört zu den führenden Expressionisten und großen Aquarellisten des 20. Jh.s. Auf der Warft Seebüll baute er sich sein Atelier und Wohnhaus, in dem sich heute 170 seiner Meisterwerke bewundern lassen.

Seebüll 31
25927 Neukirchen
Tel. 046 64 98 39 30
www.nolde-stiftung.de
März–Nov. tgl. 10.00 bis 18.00 Uhr

5 Husum

Keine „graue Stadt am Meer", wie Theodor Storm seine Heimat nannte, sondern ausgesprochen liebenswert ist Husum mit seinem Schlosspark, in dem im Frühjahr Millionen Krokusse blühen. Den alten Binnenhafen säumen Giebelhäuser, vom Außenhafen legen Ausflugsschiffe zu den Halligen ab. Alljährlich Ende September treffen sich bei den Pole-Poppenspäler-Festtagen Puppenspieler aus aller Welt in Nordfrieslands Kreisstadt.

www.husum-tourismus.de

The map shows:
DÄNEMARK · Sylt · Wester-land · Tønder · Niebüll · Föhr · Wyk a. Föhr · Schleswig-Holstein · Amrum · Pellworm · Nordstrand · Husum · Nordsee

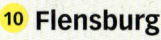

9 Nordseebad Büsum

„Es war einmal eine kleine Insel. Wilde Wasser kamen und Wolken aus Sand. Männer kämpften mit Wellen und errichteten Wände aus Wiesen. So entstand im Laufe der Jahrtausende Büsum." Fast wie ein Märchen ist auch der Wandel, den das traditionsreiche Nordseebad in den letzten Jahren vollzogen hat. Rund um den Hafen, in dem die Kutter noch immer Büsumer Krabben am Kai verkaufen, gruppieren sich die autofreie Bummel- und Shoppingmeile, Fußgängerzone, das Aquarium, die Sturmflutwelt Blanker Hans und die neue Familienlagune Perlebucht. Wer nicht auf eigene Faust nach Büsum reisen möchte: Di. und Do. fährt die SVG von Westerland per Bus nach Büsum.

SVG, Tel. *01805 83 61 00, www.svg-busreisen.de

6 Friedrichstadt

Holland an der Eider: Niederländische Glaubensflüchtlinge waren es, die auf Einladung von Herzog Friedrich III. von Schleswig-Gottorf vor rund 400 Jahren Friedrichstadt erbauten – mit Grachten und Giebelhäusern, Kopfsteingassen im Schachbrettmuster und vielen Brücken. Am schönsten entdecken lässt sich das „Amsterdam des Nordens" auf einer Grachtenfahrt; los geht es an den Landungsbrücken

Friedrichstädter Grachten-u. Treeneschifffahrt
Günther Schröder
Am Markt 17
25840 Friedrichstadt
Tel. 04881 87 63 95
www.grachtenschiffahrt.de

7 Multimar Wattforum

Vom Oberlauf eines Baches über die Gezeitenzone bis in die tiefe Nordsee: Wie vielfältig die Lebenswelt unter Wasser ist, verrät das Multimar Wattforum bei Tönning in 36 Becken. Allein im Wattenmeer-Biotop tummeln sich 280 Arten von Fischen, Krebsen, Schalen- und Weichtieren! Ein tolles Foto: Legen Sie Ihren Kopf in das Maul eines Pottwals oder lassen Sie Ihre Kinder einmal durch dessen Barten klettern.

Dithmarscher Str. 6a
25832 Tönning
Tel. 04861 9 62 00, www. multimar-wattforum.de
April–Okt. tgl. 9.00–18.00, Nov.–März 10.00–17.00 Uhr

8 Legoland

Seit 1932 begeistern die bunten Bauklötze jung und alt in aller Welt. Direkt neben der Lego-Fabrik eröffnete 1968 das erste Legoland der Welt – heute ein weltberühmter Vergnügungspark aus 20 Millionen Steinen und 50 Attraktionen wie dem Miniland mit Nachbauten weltberühmter Wahrzeichen, dem Piratenland, Polarland, Legoredo Town oder Ghost – The Hounted House, in dem es nur so wimmelt von Vampiren, Geistern und Monstern.

Nordmarksvej 9
DK-7190 Billund
Tel. +45 75 33 13 33
www.legoland.dk
April–Okt. tgl. 10.00–18.00, Juli/Aug. bis 20.00 oder 21.00 Uhr

10 Flensburg

Der Rum brachte den Ruhm: Im 18. Jh. war das damals dänische Flensborg einer der bedeutendsten Handelshäfen für die Schiffe der Westindien Flotte. Von den karibischen Jungferninseln brachten sie starken Roh-Rum mit, den viele Brennereien verfeinerten. Wie, erfährt man auf der Rum-Route und auf dem Flensburger Kapitänsweg. Und wer Flensburger Rum probieren will, kann im Rumhaus Johannsen in der Marienstraße 6 von Mai bis September jeden Freitag um 16 Uhr an den offenen Führungen mit Verkostungen teilnehmen (www. johannsen-rum.de)!

www.flensburg-tourismus.de

„Schwimmende Träume"

Zehn kleine Eilande, von der Nordsee um- und manchmal auch überspült: Die nordfriesischen Halligen beruhigen als Wellenbrecher die See, stabilisieren die Watt-flächen und sind einzigartige Oasen im Alltagstrubel. Hier gibt es genug Gelegenheiten, sich zu erholen, die Seele baumeln zu lassen, Raum, Zeit und Natur ganz neu zu erleben.

❶ Hooge

Die „hohe Hallig" ist mit 5,6 km² die zweitgrößte und am stärksten touristisch geprägte Hallig. Die „Königin der Halligen" ist die am „dichtes-ten" besiedelte: 109 Menschen leben hier auf neun Warften mitten im Wattenmeer, eine Warft ist unbewohnt. Von jedem Tagesgast wird als Kurabgabe der Halligtaler (1 €) erhoben.

SEHENSWERT

Das Zentrum von Hooge bildet die **Hanswarft**. Hier vermittelt der **Königspesel** TOPZIEL, eine Friesenstube aus dem 18. Jh. mit alten Möbeln, Gemälden und Fayencen, einen Ein-druck von der Wohnkultur begüterter See-fahrer. Den Namen verdankt er einem Besuch des dänischen Königs Friedrich VI., der sich 1825 nach einer Sturmflut selbst ein Bild von den Schäden machte. Als Landunter eine Wei-terreise verhinderte, übernachtete er in dem 1776 erbauten Haus (Hanswarft 11, Tel. 04849 2 19, www.koenigspesel.de, April–Okt. 10.00–17.00 Uhr, sonst n. Vereinb.; Erw. 2,50 €). Wie ein Landunter aussieht, zeigt ein Kurzfilm im **Sturmflutkino** (Hanswarft, www.sturmflut kino.de; Saison alle 20 Min.; Erw. 2,50 €). Im **Uns Hallig Hus** werden die Halligen mithilfe einer Diashow vorgestellt.
Auf der **Kirchwarft** steht die 1636/1637 er-baute **Halligkirche St. Johannis** (Di.–So.). Ihre Sitzbänke stehen auf Sand – nach Sturmfluten konnte eindringendes Wasser so schnell wieder ablaufen. Neben der Renaissancekanzel (1743) zeigt eine kleine Tür, die ein Grönlandfahrer auf

Königspesel: Holländische Kacheln und guss-eiserne Öfen waren Zeichen des Wohlstands (links). Terrasse des Friesenpesel (rechts)

See geschnitzt hat, eine Walmutter und ihr Jun-ges. Ungewöhnlich wirken die Grabsteine des Friedhofs: Sie sind vorne und hinten beschriftet – die Verstorbenen müssen sich aus Platzgrün-den Grab und Grabstein teilen.
Der **NaturErlebnisraum** mit 15 Stationen lädt ein, das besondere Leben auf der Hallig ken-nenzulernen. Zwischen Fähranleger und Watt am Deckwerk vermitteln sie Infos zur Ge-schichte der Hallig, ihrer Flora und Fauna und ihrer Bedrohung durch Sturmfluten.

MUSEEN

Einblicke in das Halligleben gibt das **Heimat- und Halligmuseum** von Hans Holdt mit einer alten friesischen Wohnstube und vielen Watt-funden (Hanswarft, Ostern–Okt. tgl. 10.00 bis 16.00 Uhr, sonst n. Vereinb.). Wattwerkstatt und Gezeitenaquarium gehören zu den Höhepunk-ten des **Erlebniszentrums Meer & Watt** der Schutzstation Wattenmeer (Hanswarft 2, www. schutzstation-wattenmeer.de, April–Okt. 11.00 bis 16.00 Uhr, sonst n. Vereinb.).

RESTAURANTS

Älteste Gaststube der Hallig ist der **Friesen-pesel** mit „guter Stube" (Pesel) von 1746 und

alten holländischen Kacheln (Backenswarft, www.friesenpesel.de). Ein gemütliches Café mit gutem hausgemachten Kuchen ist **Der blaue Pesel** (Backenswarft, www.blauerpesel.de).

VERANSTALTUNGEN

Vom **Biikebrennen** (21. 2.) über **Sommerfest** (Juli) und **Schleusenfest** (Aug.) bis zum **Hoo-ger Trachtensommer** (Sept. in geraden Jah-ren): Halliggästen wird einiges geboten. Theater bringt die **Hooger Speeldeel** auf die Bühne (Uns Hallig Hus, www.hoogerspeeldeel.de).

EINKAUFEN

Halligkäse bietet der Halligbauernhof an (Hanswarft), **Hallighonig** und **Biowurst** der Binge-Hof (Mitteltritt, www.bingehof.de).

ANREISE

Per **Autofähre** ab Schlüttsiel (Wyker Dampf-schiffs-Reederei Föhr-Amrum GmbH, Tel. *01805 08 01 40, www.faehre.de; bis Schlüttsiel gelangt man von Niebüll aus auch per Bus). Die **Personenfähre Adler Express** verbindet Hooge von März bis Okt. mehrmals tgl. mit Sylt, Amrum und Nordstrand (Adler-Schiffe, www. adler-schiffe.de).

Tipp

Hallighotel

....

Wer keine Lust auf Ferienwohnung, Bau-ernhof oder Pension hat, kann im ersten Hallighotel übernachten: im Ankers Hörn, dem Vier-Sterne-Kleinod von Malte und Virginia Karau auf der Mayenswarft mit hellen Zimmern, Sauna, Whirlpool und weitem Blick über das Watt.

INFORMATION

www.ankers-hoern.de

INFORMATION

Hanswarft 1, 25859 Hallig Hooge
Tel. 04849 91 00, www.hooge.de

② Langeneß

Aus drei Inseln zusammengewachsen ist die
10 km lange und 1 km breite „lange Nase"; mit
9,6 km² ist Langeneß die größte Hallig. Auf
16 Warften leben derzeit 136 Menschen von
Landwirtschaft und Tourismus.

SEHENSWERT

Die **Bockwindmühle** auf der **Ketelswarft** ist
ein Nachbau, das Original steht seit 1953 im
Wyker Museum. Das Getreide mussten die Halligbewohner auf dem Festland oder auf Föhr
kaufen. Die **Kirche** auf der **Kirchwarft** wurde
1894 erbaut. Im Westen von Langeneß steht
seit 1902 auf der Peterswarft der 11,5 m hohe
Leuchtturm Nordmarsch.

MUSEEN

Aufwendige Decken- und Wandmalereien,
mehr als 1600 holländische Fliesen mit Moti-
ven aus dem Alten Testament sowie ein Flie-
sentableau mit Segelschiff gehören zu den
Schätzen des **Kapitän-Tadsen-Museums**.

Tipp

Zwischenstopp

Mehr als 20 000 Ringelgänse rasten für
rund zehn Wochen im Frühjahr auf den
Halligen Hooge und Langeneß, bevor
sie zu ihren sibirischen Brutplätzen wei-
terfliegen. Während der Ringelganstage
im April können Besucher das einma-
lige Naturschauspiel miterleben und auf
Führungen mit Hooger und auswärtigen
Vogelkundlern die Besonderheiten des
arktischen Vogelzugs kennenlernen.

INFORMATION

Nordsee-Tourismus-Service GmbH
Postfach 1611, 25806 Husum
Info-Tel. *01805 06 60 77
www.nordseetourismus.de
www.ringelganstage.de

Tade Volkerts, Kapitän in holländischen Diens-
ten, hatte das Haus mit dem halligtypischen
Schweifgiebel 1741 auf der **Ketelswarft** er-
bauen lassen (www.museen-sh.de, Ostern bis
Okt., Führung Mo.–Sa. 13.30 Uhr; Erw. 2 €). Die
Friesenstube auf der **Honkenswarft** ist ein
typisch friesischer Wohnraum mit blauen
Wandfliesen und Wandbett (www.honkenswarf.
de/museum, Führungen Di., Do. 10.30 Uhr
sowie nach Ankunft der Ausflugsschiffe; Erw.
2 €). Im benachbarten reetgedeckten **Käte-
Gerdsen-Haus** (1725) erinnern Ausstellungen
an die Salztorfgewinnung und an den Langeneßer Kapitän Boye Petersen, der 1902 das
Kommando auf dem Fünfmast-Vollschiff *Preußen* übernahm, seinerzeit schnellstes Schiff
der Welt (Tel. 04684 2 17, Führung Ostern–Okt.
Mi., Fr. 11.00 Uhr, Erw. 2 €, www.museen-nord.
de). Auf der Rixwarft informiert das Infozentrum der **Schutzstation Wattenmeer** über
das Salzwiesenbeweidungsprojekt mit Kühen
im Einsatz für den Naturschutz sowie den
fragilen Lebensraum Wattenmeer (April–Okt.
12.00–15.30 Uhr.)

AKTIVITÄTEN

Ausflugsfahrten mit Kapitän Uwe Petersen und
seiner *Rungholt* führen zu den **Seehundsbänken** (www.halligmeerfahrten.de), naturkundliche **Wanderungen** zur Nachbarhallig
Oland, **Wattwanderungen** nach Dagebüll
zum Festland. **Fahrradverleih** bei Gerhard
Karau (Rixwarft, Tel. 04684 95 20 60).

VERANSTALTUNGEN

Auch auf dieser Hallig ist das **Biike-Brennen**
(21. Febr.) beliebt, im Sommer der **Museums-
markt** (Ende Juli/Anfang August).

ANREISE

Die W.D.R. betreibt eine **Autofähre** ab Schlüttsiel (Wyker Dampfschiffs-Reederei Föhr-Amrum
GmbH, Tel. *01805 08 01 40, www.faehre.de).

INFORMATION

Tourismusbüro der Halligen Langeneß und
Oland, Ketelswarft 3, 25863 Hallig Langeneß
Tel. 04684 2 17, www.langeness.de

③ Oland

Oland ist die älteste Hallig im Wattenmeer und
besitzt nur eine einzige Warft. Kirche, Mini-
Schule und die 15 Wohnhäuser der 20 Einw.
liegen hier um den Fething, in dem früher
Schnee und Regenwasser gesammelt wurde,
um das Vieh zu tränken. Seit 1925 verbinden
Lorengleise das nur 1 km² große, autofreie
Eiland mit Langeneß und Dagebüll auf dem
Festland.

*Reetgedeckte Friesenhäuser auf
der Langeneßer Ketelswarft*

SEHENSWERT

Die Inneneinrichtung der kleinen reetgedeckten **Kirche** (1824) ist zum Teil aus Vor-
gängerbauten übernommen, die bei Sturmfluten zerstört wurden. Um 1200 entstanden
Taufe und Kruzifix, die aus Eiche geschnitzten
Apostelfiguren im 15. Jh., die geschnitzte
Eichenkanzel 1620. Der **Leuchtturm** (1929)
wirkt eher wie eine große Laterne, mit 7,45 m
Höhe ist er Deutschlands kleinster – und als
einziger reetgedeckt.

RESTAURANT

Einziges Gasthaus ist die **Halligstube Kiek In**
(Tel. 04667 3 90), mit Grillabenden im Sommer.

ANREISE

Unregelmäßige Fahrten mit der *Rungholt* ab
Schlüttsiel (Kapitän Uwe Petersen, Tel. 04674
14 63, www.halligmeerfahrten.de); viele Vermieter holen Gäste per Lore in Dagebüll ab.

INFORMATION

Tourismusbüro der Halligen Langeneß und
Oland, Ketelswarft 3, 25863 Hallig Langeneß
Tel. 04684 2 17, www.langeness.de

④ Gröde-Appelland

Bis zu 50 Mal pro Jahr heißt es auf Gröde
„Landunter" – dann ist das 277 ha große Eiland
noch abgeschiedener als sonst. Umso intensiver lässt sich in der mit 9 Einw. kleinsten
Gemeinde Deutschlands die Natur erleben –
von der Rast der Ringelgänse im Frühjahr, dem
lila leuchtenden Halligflieder im Sommer bis zu
den Stürmen im Herbst und Winter.

SEHENSWERT

Auf Gröde sind alle Häuser reetgedeckt – sie
gilt daher als die authentischste Hallig. Die **Kirche St. Margarethen** auf der Kirchwarft, ver-
mutlich siebte an diesem Standort, wurde 1779
gebaut (Renaissance-Altar, 1592). Zum Gottes-

*Bis zu 50 Mal pro Jahr heißt es auf Gröde
„Landunter" – dann ist das 277 ha große
Eiland noch abgeschiedener als sonst.*

dienst kommt – je nach Wetterlange – alle vier bis fünf Wochen der Pastor aus Langeneß.

ANREISE
Bei Hochwasser unregelmäßige Fahrten mit der *Rungholt* ab Schlüttsiel (Kapitän Uwe Petersen, www.halligmeerfahrten.de, s. auch Oland). Von dort aus ist die Hallig auch auf einer Wattwanderung zu erreichen.

INFORMATION
Auskunft und Zimmervermittlung bei Claudia Mommsen, Tel. 04674 3 02, sowie Sabine Kolk, Tel. 04674 14 48, www.groede.de

❺ Hamburger Hallig

Die Hamburger Hallig (18 Einw.), heute eine Halbinsel vor dem Sönke-Nissen-Koog, ist seit 1859 über einen 3 km langen Plattenweg mit dem Festland verbunden. 2002 erfolgte der Stromanschluss. Ihren Namen erhielt die Hallig von den einstigen Eigentümern, Hamburger Kaufleuten.

SEHENSWERT
Das **Amsinck-Haus** (www.amsinck-haus.de, April–Okt. tgl. 10.00–18.00 Uhr, auch Fahrradverleih) informiert über die Hallig, ein Lehrpfad hinter dem Vogelwärterhaus über das artenreiche **Vogelleben** des 550 ha großen Vorlandes, das nicht betreten werden darf. Auf seinen Salzwiesen brüten und rasten Rotschenkel, Austernfischer, Säbelschnäbler, Großer Brachvogel – und während des Vogelzugs bis zu 30 000 Weißwangengänse.

RESTAURANT
Von Juni bis Aug. lädt der **Hallig-Krog** Fr. zum Lamm-Grillen (www.hallig-krog.de).

ANFAHRT
Einspuriger Damm, für Radfahrer und Fußgänger kostenlos, für Autos mautpflichtig.

❻ Nordstrandischmoor

Die auch Lüttmoor genannte Hallig (www.nordstrandischmoor.de) entstand in der Sturmnacht 1634; auf 170 ha wohnen hier 22 Menschen. Seit den 1930er-Jahren gibt es den von einer Motorlore befahrenen Damm zum Festland; die Fahrt beginnt in Lüttmoorsiel. Eine Besonderheit Lüttmoors zeigt der **Friedhof**: Alle Grabsteine liegen flach in der Erde, um ein Umstürzen bei Flut zu verhindern. Anziehungspunkt für die Tagesgäste, die bei Ebbe über das Watt oder den Damm wandern und bei Flut mit Ausflugsschiffen ab Strucklahnungshörn ankommen, ist der **Halligkrog** auf der Neuwarft von Familie Glienke. Die Scheune ist auch Kinosaal: Ein Kurzfilm zeigt Sturmflutgewalten (Tel. 04842 4 86). Die Grund- und Hauptschule auf der Amalienwarft mit nur drei Schülern ist die **kleinste Schule Deutschlands**. Auf dem **Sturmflutpfahl** vor der Schulwarft markieren Messingstreifen die schwersten Sturmfluten.

DuMont Aktiv

Paddeltour durchs Meer

Das Weltnaturerbe Wattenmeer ist nicht nur für Segler, sondern auch für Seekajakfahrer ein faszinierendes Revier. Zum Inselhopping im Paddelboot empfehlen sich besonders die Halligen.

Seekajaktouren in der nordfriesischen Inselwelt sind nichts für Anfänger; selbst erfahrene Kajakfahrer sollten ihre Tour gründlich vorbereiten und alle Rettungs- und Wiedereinstiegsmethoden perfekt beherrschen. Wer lieber begleitet unterwegs ist, kann sich Frauke Rörden-Prang anschließen; die Trainerin für Kanuwandersport bricht von April bis Oktober zu Ein- und Mehrtagestouren im Wattenmeer auf. Mitpaddeln können Jugendliche ab zwölf Jahre; in Zweierkajaks paddelt auf Wunsch auch ein Betreuer mit.

Je nach Tide und Witterung wechseln die Ziele: Mal geht es nach Gröde, Langeneß oder Föhr, dann vorbei an den Seehundbänken nach Amrum oder ab Schüttsiel auf den Japsand, der als einziger deutscher Außensand betreten werden darf. Mal geht es mittags, dann wieder frühmorgens los. Romantisch und sehr gefragt sind die rund vierstündigen Abendfahrten zur Hallig Oland oder um den renaturierten Gotteskoog – ein Himmel wie auf Noldes Bildern ist dabei garantiert.

Weitere Informationen

Geführte Touren:
Seekajak-Faszination
Frauke Rörden-Prang
25899 Niebüll, Tel. 0 46 61 49 90
www.seekajak-faszination.de
Informationen: Sehr hilfreich ist die Website des Landes-Kanu-Verbandes Schleswig-Holstein: www.kanu-sh.de (Stichwort „Seekajak").

Kartenmaterial: Bundesamt für Seeschifffahrt und Hydrographie (BSH), „Karten für die Sportbootschifffahrt", Satz 3013 (Nordfriesische Inseln), Eiderdamm, Helgoland
Gezeitenkalender: Der Überblick über die Tiden wird jedes Jahr neu herausgegeben vom Bundesamt für Seeschifffahrt und Hydrographie (BSH).

Seeluft schnuppern, Salzwasser schmecken und eine Brise in den Haaren spüren – bei Seekajaktouren kommt man dem Wattenmeer so nahe wie sonst kaum.

Nordfriesische Architektur: Clemenskirche in Nebel auf Amrum, Friesenmuseum in Wyk auf Föhr, Friesenhäuser in Nieblum auf Föhr

Service

Keine Reise ohne Planung. Auf den folgenden Seiten haben wir für Sie Wissenswertes für Ihren Urlaub auf den Nordfriesischen Inseln zusammengestellt.

Anreise

Mit dem Auto: Von Hamburg aus auf der A 23 bis nach Heide, danach führt die (viel befahrene) B 5 weiter nach Husum und Niebüll. Wichtigster Fährhafen mit Autoverladung zu den Nordfriesischen Inseln ist Dagebüll. Wer Sylt zum Ziel hat, kommt schneller auf der A 7 nach Flensburg voran. Von der Ausfahrt Harrislee führt die B 119 nach Niebüll, hier geht es auf dem Sylt Shuttle hinüber zur Insel (Info: Tel. *01806 22 83 83, www.bahn.de/syltshuttle).

Mit der Bahn: Westerland auf Sylt wird von IC-Zügen der Deutschen Bahn und Regionalzügen der Nord-Ostsee-Bahn (NOB) angefahren. Endstation für die anderen Inseln ist der Fährhafen Dagebüll, der via Niebüll von der Norddeutschen Eisenbahngesellschaft Niebüll (NEG) – auch im Nachtzug – bedient wird. Sämtliche Fahrten sind auf die An- und Abfahrtszeiten der Fähren nach Föhr und Amrum und den Fernverkehr der Deutschen Bahn (DB) abgestimmt.

Mit dem Flugzeug: Westerland auf Sylt (www.flughafen-sylt.de) wird von 32 Orten im In- und Ausland angeflogen. In der Saison fliegt Lufthansa (www.lufthansa.com) ab Frankfurt/M. und München nach Sylt, Air Berlin (www.airberlin.de) von Düsseldorf, Stuttgart und München. Hanseflug (www.hanseflug.de) verbindet Sylt mit Föhr und Hannover, Syltair (www.syltair.de) bringt Hamburger auf ihre Lieblingsinsel. Von Ende April bis Mitte September jettet AIS-Airlines von Bremen und Münster-Osnabrück nach Westerland (www.aisairlines.com). Vom kleinen Flugplatz in Wyk auf Föhr (www.flugplatz-wyk.de) hebt die Westküstenflug Lange (www.westkuestenflug.de) nach Sylt, Hamburg, Düsseldorf, Berlin, Kopenhagen und Malmö ab.

Mit der Fähre: Autofähre ab Dagebüll-Mole nach Föhr und Amrum, ab Schlüttsiel (Anreise dorthin auch per Bus ab Niebüll) nach Hooge, Langeneß und Amrum (W.D.R. Wyker Dampfschiffs-Reederei Föhr-Amrum, 25938 Wyk auf Föhr, Tel. 04681 8 00, www.faehre.de). Autofähre ab Strucklahnungshörn/Nordstrand nach Pellworm (N.P.D.G. Neue Pellwormer Dampfschiffahrts Gesellschaft, Postfach 69, 25849 Pellworm, Tel. 04844 7 53, www.faehre-pellworm.de). Autofähre ab Havneby/Rømø nach List/Sylt (Rømø-Sylt-Linie, Norderhofenden 19, 24937 Flensburg, Tel. 0461 86 40, www.frs.info). Die neue Wattenlink-Hybridfähre, die der W.D.R. mit umweltfreundlichen Fähren von Dagebüll und Amrum Konkurrenz machen will, soll 2016 starten (www.wattenfaehren.de).
Für Fußgänger/Radfahrer gibt es Verbindungen ab Strucklahnungshörn nach Pellworm, den Halligen und zwischen Amrum und Sylt (Adler-Schiffe, Boysenstr. 13, 25980 Westerland, Tel. 04651 9 87 00; Hörnstr. 3, 25845 Nordstrand, Tel. 04842 9 00 00, www.adler-schiffe.de).

Auskunft

Überregional: Tourismus-Agentur Schleswig-Holstein, Wall 55, 24103 Kiel, Tel. 0431 60 05 83 (9.00–17.00 Uhr), www.sh-tourismus.de
Regional Nordsee-Tourismus-Service, Zingel 5, 25813 Husum, Info-Tel. 04 84 18 97 50, www.nordseetourismus.de
Vor Ort: s. Infoseiten
Naturschutzorganisationen: Nationalparkverwaltung im Landesbetrieb für Küstenschutz, Nationalpark und Meeresschutz, Nationalpark-Zentrum Multimar-Wattforum, Dithmarscher Str. 6 a, 25832 Tönning, Tel. 04861 9 62 00, www.nationalpark-wattenmeer.de. Schutzstation Wattenmeer, Nationalparkhaus Husum, Hafenstr. 3, 25813 Husum, Tel. 04841 66 85 30, www.schutzstation-wattenmeer.de. WWF Projektbüro Wattenmeer (s. Schutzstation Wattenmeer), www.wwf.de. NABU Schleswig-Holstein, Färberstraße 51, 24534 Neumünster, Tel. 04321 5 37 34, https://schleswig-holstein.nabu.de. Verein Jordsand zum Schutze der Seevögel und der Natur, Bornkampsweg 35, 22926 Ahrensburg, Tel. 04102 3 26 56, www.jordsand.de.

Essen und Trinken

Seeluft macht hungrig – und so dominieren auf den Nordfriesischen Inseln herzhafte Speisen: Fisch, Meeresfrüchte, Schwein, Rindfleisch, Lamm, Kartoffeln und Kohl. Mitunter erstaunt jedoch die Zubereitung. Fisch und Fleisch werden ebenso gerne kombiniert wie Salziges mit Süßem. Bratkartoffeln beispielsweise werden zum Kohl mit Zucker bestreut – und dadurch noch krosser.
Als Gourmet-Mekka gilt Sylt: 2015 funkelten hier neun Michelinsterne – die höchste Sternedichte der Republik! Ihre zwei Sterne bestätigen konnten Johannes King vom Söl'ring Hof (Rantum), Sebastian Zier vom La Mer (List) und Alexandro Pape vom Fährhaus (Munkmarsch). Und mit einem Stern geadelt wurden die Köche Holger Bodendorf vom Tinnumer Landhaus Stricker, Patrick Büchel vom Spices (List) und Jens Rittmeyers vom KAI3 in Hörnum.
Auf Sylt ist Deutschlands einzige Austernzucht ansässig: Dittmeyer's Austern-Compagnie. Drei

Urlaubsspaß für Groß und Klein am Amrumer Kniepsand bei Norddorf

Jahre lang reift die Sylter Royal vor List, bis die Felsenauster 60–90 Gramm schwer ist und geerntet werden kann. Scholle und Seezunge werden gerne in Speck gebraten oder mit Krabben serviert; auch Hering und Dorsch finden sich häufig auf der Karte. Labskaus schmeckt besser, als die Optik vermuten lässt; für das Seemannsgericht werden Fisch (Hering oder Stockfisch) und gepökeltes Fleisch (Rind oder Schwein) mit Kartoffeln und Zwiebeln püriert und von einem Spiegelei gekrönt mit Roter Beete und Saurer Gurke serviert. Eine Spezialität ist Deich- oder Salzwiesenlamm. Der Dessert-Klassiker heißt Rote Grütze. Der angedickte Fruchtbrei roter Beeren wird mit (Schlag-)Sahne oder Vanillesoße serviert. Nachmittags schmeckt die Friesentorte aus Blätterteig, Pflaumenmus und reichlich Schlagsahne. Dazu trinken echte Friesen Tee mit Kluntjes (Kandiszucker) und echter Sahne – die nicht etwa schnöde hineingegossen, sondern vorsichtig hineingelegt wird und so in weißen Wölkchen im Tee schwebt, während die Kluntjes knistern und knacken.
Zu den hochprozentigen Angeboten gehören Teepunsch und Pharisäer, die nicht nur köstlich schmecken, sondern auch mit unterhaltsamen alten Geschichten verbunden sind.

Feste und Feiertage

Von den vielen Veranstaltungen eine Auswahl:
Januar: Neujahrsbaden am Wenningstedter Strand (www.wennigstedt.de), Neujahrsschwimmen in Wyk (Strand vor dem Wellenbad, www.foehr.de), Gourmet Festival Sylt (2. Jan.-Woche, www.gourmet-festival-sylt.de).
Februar: Biike-Brennen am 21. 2., das nordfriesische Winterfest: Mit Fackeln und Punsch geht es zu den Feuern, anschließend wird Grünkohl gegessen. In grauer Vorzeit noch eine Huldigung an den Gott Wotan, wurden später so die auslaufenden Walfänger in die Fangsaison verabschiedet. Am darauf folgenden Petritag haben die Schüler vielerorts schulfrei.
Mai: Ringreiter-Turniere (bis Aug.), Nordfriesische Lammtage (bis Juli, www.lammtage.de).
Juli: Kampener Literatursommer (www.kampen.de), Föhrer Literatursommer (bis Anf. Sept., www.foehr.de).
August: Meerkabarett Sylt (www.meerkabarett.de), Jazz goes Föhr (http://jazz-goes-foehr.de).
September: Surf World Cup, Westerland/Sylt (www.windsurfworldcup.de).
Dezember: Weihnachtsmärkte; eine Besonderheit ist der List Danske Jule Market (www.list.de). Weihnachtsbaden am Westerländer Hauptstrand (26.12.; www.westerland.de). Eine Variation des friesischen Rummelpottlaufens ist das Maskenlaufen an Silvester in Ost-Sylt (www.sylt-ost.de). Verkleidete Kinder klingeln an den Haustüren, wünschen ein gutes neues Jahr – und erhalten zum Dank Süßigkeiten.

Sport und Freizeit

Angeln: Mit einem gültigen Fischereischein ist das Angeln im küstennahen Bereich und vom Boot aus gestattet. Ausgenommen sind Brut- und Rastgebiete in Salzwiesen sowie das Nullnutzungsgebiet südlich des Hindenburgdammes.

Info

Daten & Fakten

Geografische Lage: Die Nordfriesischen Inseln und Halligen liegen vor der Westküste Schleswig-Holsteins und erstrecken sich von der dänischen Grenze im Norden bis zur Halbinsel Eiderstedt. Entstanden ist die Inselwelt durch Naturkatastrophen und Sturmfluten. So war Sylt bis zur Marcellusflut 1362 Teil des Festlands. Pellworm, Nordstrand und die Hallig Nordstrandischmoor entstanden, als 1634 die Insel Strand in drei Teile zerbrach. Heute wird die Inselwelt mit Deichringen, Sandvorspülungen, Beton- und Granitblöcken gegen die Erosionskraft von Wind und Wasser verteidigt. Doch nicht immer erfolgreich: An seiner Südspitze verliert Sylt noch immer Land, während die Insel im Norden am Ellenbogen wächst – ebenso wie Amrum an seiner Nordwestseite.
Bevölkerung: Auf 18 183 Einw. kommen 16 000 Zweitwohnsitze – auf Sylt wird Wohnraum für Einheimische knapp und unbezahlbar. Rund 4000 Sylter pendeln daher vom Festland zur Arbeit auf die Insel. Recht dicht besiedelt sind auch die Ferieninseln Amrum (2241 Einw.) und Föhr (8593 Einw.); selbst die Bauerninseln Pellworm (1141 Einw.) und Nordstrand (2257 Einw.) sind nicht mehr menschenleer. Rückgängig ist die Bevölkerungsentwicklung einzig auf den Halligen, die nur noch rund 233 Einw. zählen.

Eine Renaissance erfährt die Sprache der Vorfahren, die heute auch wieder in den Schulen unterrichtet wird. Mit der Verabschiedung des Friesisch-Gesetzes (2004) ist die alte westfriesische Sprache zur zweiten offiziellen Landessprache aufgestiegen und nun auch im Straßenbild wieder präsent. Die Ortstafeln und Beschriftungen an öffentlichen Gebäuden sind inzwischen zweisprachig gestaltet und vielerorts weht die gold-rot-blaue friesische Fahne neben der schleswig-holsteinischen Landesfahne. Jede Insel hat ihre eigene Mundart des Friesischen. Auf Sylt heißt sie Sölring, auf Amrum Öömrang, auf Föhr Föhring. Neben dem Friesischen ist in den ländlich geprägten Gebieten der Inseln auch die niederdeutsche Sprache, das Platt(-deutsch), zu hören.
Wirtschaft und Tourismus: Tragende Wirtschaftssäule der Inseln ist der Tourismus. Groß im Kommen sind im Wattenmeer und auf den Inseln die erneuerbaren Energien (s. S. 33). Kaum noch eine Rolle spielt hingegen die Küstenfischerei, die einst die Bevölkerung ernährte. Die Landwirtschaft besitzt nur auf den Marscheninsel Pellworm und Nordstrand sowie den Marschen von Föhr und im Osten von Sylt Bedeutung. Dort prägen Getreide- und Rapsfelder sowie Viehweiden das Landschaftsbild.

Im Deichvorland ist die Schafzucht zugleich eine Säule des Küstenschutzes.
Natur: Der 1985 gegründete Nationalpark Schleswig-Holsteinisches Wattenmeer, mit 4410 km² größter zwischen Nordkap und Sizilien, umfasst das Wattenmeer zwischen der dänischen Grenze im Norden und der Elbmündung im Süden mit Ausnahme der Inseln und der fünf großen Halligen. Er ist in zwei Schutzzonen unterteilt: Zone 1 ist für Besucher gesperrt; Ausnahmen werden nur bei geführten Wattwanderungen auf festgelegten Routen gemacht. Der Nationalpark schließt auch ein 1240 km² großes Walschutzgebiet für Schweinswale ein, die vor Sylt und Amrum ihren Nachwuchs gebären. Unter besonderem Schutz stehen auch die Kegelrobben, die ihre Jungen im Winter vor der Hörnumer Odde zur Welt bringen. Das Wattenmeer ist zudem das vogelreichste Gebiet in Mitteleuropa und eine zentrale Drehscheibe auf dem ostatlantischen Zugweg der Küstenvögel. Mehr als 2 Mio. Vögel ziehen hier alljährlich durch, etwa 100 000 Paare brüten auf den Salzwiesen, am Strand und in den Dünen des Nationalparks. Im Sommer 2009 erkannte die UNESCO das Wattenmeer zwischen dem niederländischen Den Helder und der deutsch-dänischen Grenze als Weltnaturerbestätte an.

Sylter Royal ist weit mehr als nur ein Appetithappen. Nordische Gemütlichkeit bietet Jan van der Weppen in der Blauen Maus auf Amrum.

Einer der Spitzenköche der Nordfriesischen Inseln, Jörg Müller, gab 2014 bekannt, auf Sterne zu verzichten. Sein Restaurant bleibt dennoch kulinarisches Aushängeschild von Sylt.

Baden: Auf den Geestinseln Sylt, Amrum und Föhr gibt es Sandstrände, auf den Marscheninseln Grünstrände (Rasenflächen mit Duschen und Liegeflächen auf dem Deich); einzig auf Nordstrand ist bei Fuhlehörn auch ein kleiner Sandstrand vorhanden. Das Baden ist abhängig von Ebbe und Flut, nur am Sylter Weststrand kann zu jeder Zeit ein Bad in der Nordsee genossen werden. Doch Vorsicht: Bei Ebbe ist die Sogwirkung des ablaufenden Wassers so stark, dass selbst geübte Schwimmer ins Meer hinausgezogen werden können! Auf Sylt besteht zudem ein striktes Badeverbot an der Südspitze der Insel und im Norden am Ellenbogen, wo lebensgefährliche Strömungen herrschen.

Fahrradfahren: Die Nordfriesischen Inseln sind ideal für Radfahrer – auch wenn diese vom Gegenwind kräftig ausgebremst werden können. Auf Sylt haben die vom Autoverkehr getrennten Radwege inzwischen eine Länge von 200 km erreicht; attraktiv ist eine Tour auf der Trasse der ehem. Inselbahn von List nach Hörnum. Markierte Radrouten gibt's auch auf Amrum, Föhr, Pellworm und Nordstrand. Auf Sylt und Föhr verkehren Linienbusse, die Fahrräder huckepack mitnehmen. Viele Vermieter und Verleihstationen bieten inzwischen E-Bikes an.

Golf: Auf Sylt gibt es vier Golfplätze. Zu den schönsten Anlagen an der deutschen Küste gehört der 18-Loch-Platz bei Kampen – die Abschläge erfolgen mit Blick auf Leuchtturm,

Info

Geschichte

3./1. Jt. v. Chr.: Von vorgeschichtlicher Besiedlung zeugen u. a. das Großsteingrab Denghoog (Steinzeit) und die Tinnumsburg (Eisenzeit) auf Sylt, die Reste eines eisenzeitlichen Dorfes auf Amrum sowie Steingräber und Kleinfunde auf Föhr.

7. Jh.: Friesen besiedeln das heutige Nordfriesland und seine Inseln.

8.–10. Jh.: Wikinger bedrängen die Inseln.

12. Jh.: Im Zuge der Christianisierung entstehen Kirchen auf Sylt, Föhr und Pellworm.

13. Jan. 1362: Die Marcellusflut, die Erste oder Grote Mandränke, verändert die Landkarte. Sylt wird zur Insel, Rungholt geht unter, Tausende Menschen sterben.

1368: Teilung Sylts. Königin Margrethe I. schenkt dem Herzog von Schleswig den südlichen und mittleren Inselteil, einzig List verbleibt beim Königreich Dänemark.

11./12. Okt. 1634: Die Burchardiflut oder Zweite Mandränke zerreißt die Insel Strand in drei Teile: Nordstrand, Pellworm und Nordstrandischmoor.

17./18. Jh.: Mit dem Walfang bricht ein Goldenes Zeitalter an; vom Petritag (21. Feb.) bis Michaeli (29. Sept.) arbeiten Inselfriesen auf holländischen, englischen und dänischen Walfängern vor Grönland und Spitzbergen. Dem Niedergang dieses Gewerbes folgt eine Auswanderungswelle, vor allem nach Nordamerika.

1819: Wyk auf Föhr wird erstes Seebad Nordfrieslands, es folgen Westerland auf Sylt (1855) und Wittdün auf Amrum (1890).

1842–1847: Der dänische König Christian VIII. verbringt bis zu seinem Tod seine Sommerurlaube in Wyk auf Föhr.

1848–1866: Spannungen zwischen dem Deutschen Bund und Dänemark hinsichtlich des formal zum Bund gehörenden, aber vom dänischen Königshaus beherrschten Herzogtums Holstein führen erst zum Schleswig-Holsteinischen und später zum Deutsch-Dänischen Krieg. In der Folge kommen 1867 mit Holstein auch Schleswig und die Inseln Amrum, Föhr und ganz Sylt zu Preußen.

1875: Auf Amrum wird der höchste Leuchtturm der deutschen Nordseeküste erbaut.

1896: Die Hallig Oland wird durch einen Damm mit dem Festland verbunden, 1899 auch Nordstrandischmoor und Nordmarsch-Langeneß.

1888: Auf Sylt geht die Inselbahn in Betrieb (bis 1970), 1900–1939 auch auf Amrum.

1899–1902: Die Halligen Gröde und Appelland werden verbunden.

1927: Der Hindenburgdamm wird nach vierjähriger Bauzeit eingeweiht. Sylt ist damit an das Festland angeschlossen.

1938: Reste des historischen Rungholt werden im Watt gefunden. Eindeichung des Rantumbeckens durch den Reichsarbeitsdienst.

1939–1945: Im Zweiten Weltkrieg ist Sylt Sperrgebiet, der Fremdenverkehr kommt zum Erliegen.

16./17. Febr. 1962: Die Flutkatastrophe sorgt auch auf den Inseln für größte Schäden. Nördlich Hörnum teilt die Flut die Insel Sylt; fast alle Häuser auf den Halligen werden unbewohnbar.

1983: Auf Pellworm nimmt die seinerzeit größte Fotovoltaikanlage Europas ihren Betrieb auf.

1985: Gründung des Nationalparks Schleswig-Holsteinisches Wattenmeer, seit 1990 auch UNESCO-Biosphärenreservat.

1988: Seehundsterben aufgrund der Verschmutzung der Nordsee.

1998: Die Strandung des Frachters *Pallas* vor Amrum und die folgende Ölverschmutzung der Schutzgebiete führen zur Einrichtung eines Havariekommandos für die Küsten.

1999: Gründung eines Walschutzgebiets vor Amrum und Sylt.

2002: Als erster Offshore-Windpark vor der Westküste wird Butendiek, 34 km westl. von Sylt, genehmigt (Baubeginn 2013). Genehmigungen für weitere Großanlagen folgen.

2009: Westerland, Sylt-Ost und Rantum vereinen sich zur Großgemeinde Sylt. Das Wattenmeer wird von der UNESCO als Weltnaturerbe anerkannt.

2015: Eröffnung des Offshore-Windparks DanTysk vor Sylt.

Zum Weiterlesen

Falscher Hase, Jörn Ingwersens zweiter Sylt-Roman, ist dichter und spannender als der Vorgänger **Schafsköpfen**. Diesmal lässt der Sylter Autor und Musiker seinen Strandwächter Asche in ein gefährliches Spiel schlittern. Sabine Nielsen, mit 20 Jahren nach Australien ausgewandert, hat nach ihrer Rückkehr in die Heimat ihren ersten Roman **Ebbe, Flut und Tod. Das Geheimnis der Schwestern** als Föhrer Familiensaga verfasst. Der bekannteste unter den Nordsee-Krimi-Autoren ist der auf Nordstrand lebende Literat Hannes Nygaard, etwa mit **Todesküste, Tod am Kanal** und **Sturmtief**. In Gisa Paulys **Die Tote am Watt** wird eine vermögende Witwe erdrosselt auf Sylt aufgefunden. Zum Schrecken von Hauptkommissar Erik Wolf mischt sich seine italienische Schwiegermutter Mamma Carlotta in den Fall ein – und sorgt mit ihrem Temperament für beste Unterhaltung. Auf Amrum spielt der erste Krimi von Krischan Koch, **Flucht übers Watt**, wie auch **Treibsand** von Christian Uecker. Spannung garantiert **Insel-Koller** von Reinhard Peltes. Und wer die größte der deutschen Nordseeinseln noch genauer kennenlernen will, ist mit dem **Baedeker Reiseführer Sylt** bestens bedient.

Braderuper Heide und Wattenmeer. Auf dem Platz des Marine-Golf-Clubs (MGC) im Norden des Flughafens, einem außergewöhnlichen Links-Kurs, können Gastspieler jetzt auf 18 Bahnen einlochen. (Links-Plätze erinnern durch ihre spröde Naturbelassenheit an den Ursprung des Golfsports auf sandigem und unfruchtbarem Dünenland an den schottischen Küsten; meist baumlos, gehört der Wind zum Spiel.) Nur begrenzten Zutritt für Gastspieler gewährt der 9-Loch-Platz des Golfclubs Morsum im Osten der Insel. Jüngste Anlage ist der Links-Kurs Budersand in Hörnum. Auf Amrum gibt es keinen Golfplatz, auf Föhr kann man auf einem 27-Loch-Platz in Nieblum abschlagen.
Nordic Walking: Der Nordic-Walking-Park Sylt durchzieht mit 26 Routen auf 220 km die gesamte Insel. Die 1,6 bis 18,7 km langen Strecken sind in drei Schwierigkeitsstufen unterteilt: Leichte Einsteigerstrecken sind blau, mittelschwere Routen rot, schwierige schwarz gekennzeichnet. Am Nordic-Walking-Tag Ende Mai begleiten Wattführer und Nordic-Walking-Lehrer die Teilnehmer auf der 10 km langen Wattenmeertour von Amrum nach Föhr.
Reiten: Auf allen Inseln laden Reitställe zu Ponyreiten, Reitunterricht und Ausritten ein. Erlebnisse sind Strand- und Wattritte.
Surfen: Sylt gilt als das Hawaii der Nordsee: Hier treffen sich die kühnsten Wellenreiter der

Welt. Ende Sept. ist der Brandenburger Strand von Westerland Veranstaltungsort des World Cup Sylt, des weltweit größten Wettkampfs der Windsurf-Profis. Auch Amrum besitzt zwei Surf-Spots mit Surfschulen vor Ort – am Nebeler Hauptstrand und am Norddorfer Strand. Auf Föhr bietet die Nieblumer Windsurfing-Schule Kurse an. Ein zweiter Surfspot ist der Strandabschnitt 13 bei Utersum.
Wattwandern: Das Weltnaturerbe Wattenmeer lässt sich am sichersten auf geführten Wattwanderungen entdecken. Allein sollte sich niemand hinaus ins Watt wagen, sind doch seine Gefahren für Laien nicht – oder erst zu spät – erkennbar. Der häufigste Fehler ist, die Flut zu unterschätzen. Plötzlich und vollkommen ohne Vorankündigung kann Seenebel auftreten. Ebenfalls eine große Gefahr sind Gewitter; im Watt ist der Mensch weit und breit höchster Punkt – und wird daher am ehesten vom Blitz getroffen.
Wellness: Die Wellness-Welle hat längst auch die Nordfriesischen Inseln erreicht. Jede der drei Hauptinseln besitzt ein Freizeitbad, das Badespaß, Saunalandschaften und andere Vitalprogramme unter einem Dach vereint – auf Sylt die Sylter Welle und Syltness Center in Westerland. Auf die Heilkraft des Meeres setzen das ThalassoZentrum von Wittdün/Amrum und das Aquaföhr in Wyk/Föhr. Exklusiver sind die Wellness-Angebote der Hotels, die nicht nur den Körper verwöhnen, sondern auch ganzheitliche Therapien wie „Body & Mind" oder „Fitness & Relax" offerieren. Angeboten werden auch medizinisch geprägte Wellnessprogramme und kassengerechte Kuren, etwa zur Behandlung von Atemwegserkrankungen.

Unterkunft

Auf den Inseln ist das Angebot an Unterkünften riesig. Nachfolgend eine kleine Auswahl:
Amrum € € € / € € Hotel Hüttmann, Ual Saarepswai 2–6, 25946 Norddorf, Tel. 04682 92 20, www.hotel-huettmann.de. Aus mehreren

Preiskategorien

€ € € €	Doppelzimmer	über 200 €
€ € €	Doppelzimmer	150 – 200 €
€ €	Doppelzimmer	100 – 150 €
€	Doppelzimmer	50 – 100 €

Häusern bestehender Hotelkomplex. Empfehlenswertes Restaurant, Wellness, Fahrradverleih, Reiten, Parkplätze. Nichtraucherhotel.
€ € Vitalhotel Weiße Düne, Achtern Strand 6, 25946 Wittdün, Tel. 04682 94 00 00, www.weisse-duene.de. Geräumige Zimmer, gesunde Regionalküche, Wohlfühl-Spa und sehr nettes Personal.
€ € Ual Öömrang Wiartshüs, Bräätlun 4, 25946 Norddorf, Tel. 04682 8 36, www.ual -oeoemrang-wiartshues.de. Reetgedecktes Friesenhaus, empfehlenswertes Restaurant, Sauna, Parkplätze.
Föhr € € € Land- und Golfhotel Villa Witt, Alkersumstieg 4, 25938 Nieblum, Tel. 04681 5 87 70, www.hotel-witt.de. Kleines, aber feines Hotel mit geschmackvoll ausgestatteten Zimmern und Suiten. Empfehlenswertes Restaurant.
€ € € / € € Kurhaus Hotel garni, Sandwall 40, 25938 Wyk, Tel. 04681 7 92, www.kurhaus hotel-wyk.de. Villenbau, vielfach mit Seeblick. Parkplätze.
€ € Sternhagens Landhaus, Buurristrat 49, 25938 Oevenum, Tel. 04681 5 97 90, www. sternhagenslandhaus.de. Reetgedecktes Friesenhaus mit Restaurant. Fahrradverleih, Reiten, Bootsverleih, Parkplätze.
€ € / € Duus-Hotel, Hafenstraße 40, 25938 Wyk, Tel. 04681 5 98 10, www.duus-hotel.de. Mitten in der Wyker Altstadt in verkehrsberuhigter Lage. Mit Restaurant und Ausritten.
Hooge € Frerks Buernhus, Lorenzwarft, 25859 Hooge, Tel. 04849 2 54, www.hallig hotel.de. Behagliche Zimmer.

Auf Amrumer Veranstaltungen ist auch die alte Friesentracht zu sehen.

Nordstrand € Am Heverstrom, Heverweg 14, 25845 Nordstrand-Süderhafen, Tel. 04842 80 00, www.am-heverstrom.de. Zimmer teilw. mit Meerblick oder Terrasse. Empfehlenswertes Restaurant, Parkplätze.

Pellworm € Kiek ut, Hooger Fähre 6, 25849 Pellworm, Tel. 04844 90 90, www.nordsee hotel-pellworm.de. Fahrradverleih, Reiten, Parkplätze.

Sylt € € € € A-Rosa, Listlandstr. 11, 25992 List, Tel. 04651 9 67 50 99-2, http://resort.a-rosa.de/sylt. Das Grand SPA Resort ist ein Hotel der Luxusklasse mit drei Restaurants. Thalasso, vier großzügige Golfplätze mit insgesamt 72 Loch und Kooperation mit dem Marine-Golf-Club Sylt, Fitness- und Cardiobereich im Spa.

€ € € € Budersand Hotel – Golf & Spa, Am Kai 3, 25997 Hörnum, Tel. 04651 4 60 70, www. budersand.de. Direkt am Meer gelegen, aus vier über Brücken verbundenen, ruhigen Häusern bestehend. Restaurant, 18-Loch-Links-Golfkurs und luxuriöses Spa. Modern gestaltetes Haus.

€ € € € Landhaus Stricker, Boy-Nielsen-Str. 10, 25980 Sylt-Tinnum, Tel. 04651 8 89 90, www.landhaus-stricker.de. Anspruchsvolle Hotelanlage in friesischem Stil inmitten eines schönen Gartens. Empfehlenswertes Restaurant, Wellness, Reitmöglichkeit, Parkplätze.

€ € € € Walter's Hof, Kurhausstr. 23, 25999 Kampen, Tel. 04651 9 89 60, www.walters-hof.

de. Äußerst komfortabel ausgestattete Apartments. Schwimmbad, Sauna; mit stilvollem Restaurant (Sundowner Terrasse) und Bar.

€ € € € Rungholt, Kurhausstr. 35, 25999 Kampen, Tel. 04651 44 80, www.hotel-rungholt.de. Familiär geführt, wenige Minuten vom Strand. Restaurant, Wellness, Reiten, Parkplätze.

€ € € € Söl'ring Hof, Am Sandwall 1, 25980 Sylt-Rantum, Tel. 04651 83 62 00, www.soelring -hof.de. Nobel in elegantem Landhausstil mit empfehlenswertem Restaurant. Wellness, Parkplätze. 15 Zimmer, 4 Suiten.

€ € € € Wittenbrink's, Osterweg 8, 25980 Sylt-Keitum, Tel. 04651 8 36 37 90, www.witten brinks-auf-sylt.de. Das Hotel mit seinen modernen, hellen Appartements ist das kleinste First-Class-Hotel in Deutschland. Einige Zimmer mit privater Sauna und Kamin. Genießerfrühstück, Weinkeller.

€ € € €/ € € € Benen-Diken-Hof, Keitumer Süderstraße 3–5, 25980 Sylt-Keitum, Tel. 04651 9 38 30, www.benen-diken-hof.de. Der Charakter der Hofanlage wurde mit Kapitänshüs, Norderhüs und Westerhüs bewahrt, 43 Zimmer, Studios, Apartments und Junior-Suiten stehen zur Verfügung. Wellness- und Beautybereiche, Pool, Restaurant und Bar.

€ € € € / € € € Hotel & Restaurant Jörg Müller, Süderstraße 8, 25980 Sylt-Westerland, Tel. 04651 2 77 88 oder 20 14 71, www.hotel -joerg-mueller.de. Im Gefolge des einstigen

Sterne-Restaurants entstanden. Apartments und luxuriös ausgestattete Zimmer. Kochschule und Kochkurse, Wellness, Parkplätze.

€ € € € / € € € Morsum Kliff, Nösistig 13, 25980 Sylt-Morsum, Tel. 04651 83 63 20, www. hotel-morsum-kliff.de. Friesenhaus mitten im Naturschutzgebiet. Empfehlenswertes Restaurant, Fahrradverleih, Reiten, Parkplätze.

€ € € € / € € € Strandhörn, Dünenstraße 20, 25996 Wenningstedt-Braderup, Tel. 04651 9 45 00, www.strandhoern.de. Sylter Ferienhotel mit schöner Badelandschaft. Empfehlenswertes Restaurant, Wellness, Parkplätze.

€ € € Alte Strandvogtei Garni, Merret-Lassen-Wai 6, 25980 Sylt-Rantum, Tel. 04651 9 22 50, www.alte-strandvogtei.de. Mit Wattblick. Wellness.

€ € € Kamps Hotel & Café, Gurtstich 41, 25980 Sylt-Keitum, Tel. 04651 9 83 90, www. kamps-sylt.de. Gemütliche Strandkorb-Café-Terrasse und Galerie mit zeitgenössischer Kunst.

€ € € / € € Reethüüs, Hauptstraße 18, 25999 Kampen, Tel. 04651 9 85 50, www.reethues-sylt. de. Behaglich mit Strandkorbplätzen. Sauna, Parkplätze.

€ € € / € € Watthof, Alte Dorfstraße 40, 25980 Sylt-Rantum, Tel. 04651 80 20, www.watthof. com. Harmonisch mit Wattblick in die Landschaft eingefügt. Restaurant, Schwimmbad, Sauna, Fahrradverleih, Reiten, Parkplätze.

Auch in Westerland sind Strandkörbe das wichtigste Urlaubsmöbel.

Register

Fette Ziffern verweisen auf
Abbildungen

Impressum

3. Auflage 2016
© DuMont Reiseverlag, Ostfildern

Verlag: DuMont Reiseverlag, Postfach 3151, 73751 Ostfildern, Tel. 0711 45 02-0,
Fax 0711 45 02-343, www.dumontreise.de
Geschäftsführer: Dr. Thomas Brinkmann, Dr. Stephanie Mair-Huydts
Programmleitung: Birgit Borowski
Redaktion: red.sign Stuttgart
Text und Aktualisierung: Hilke Maunder
Exklusiv-Fotografie: Sabine Lubenow, Düsseldorf
Titelbild: Strandkörbe auf Sylt (LOOK-foto/Sabine Lubenow)
Zusätzliches Bildmaterial: S. 5 u. vario images/Chromorange, S. 8/9 LOOK-
foto/Daniel Schoenen, S. 10/11 LOOK-foto/Arnt Haug, S. 14/15 mauritius images/
Hans-Peter Merten, S. 22 o. Shutterstock/balabolka, S. 22 u. l. Bildagentur Huber/
Gräfenhain, S. 22 u. r. mauritius images/Peter Lehner, S. 23 o. l. Getty Images/
Felix Oberhage, S. 23 o. r. LOOK-foto/Roetting/Pollex, S. 23 u. l. mauritius images/
Uwe Steffens, S. 23 u. r. vario images/imagebroker, S. 35 o. DuMont Bildarchiv/
Ralf Freyer, S. 35 u. laif/Ralf Brunner, S. 37 l. Bildagentur Huber/Bäck, S. 39 o.
mauritius images/imagebroker/Jörg Reuther, S. 48 Bildagentur Huber/Gräfenhain,
S. 49 r. Schapowalow, S. 53 und 59 LOOK-foto/Sabine Lubenow, S. 63 r. Sabine
Lubenow, S. 64 o. Shutterstock/balabolka, S. 64 u. l. laif/hemis.fr/Emmanuel
Berthier, S. 64 u. r. laif/Christian Kerber, S. 65 l. o. Strand 33, S. 65 l. u. Café
Anticus/Ingrid Buckley, S. 65 r. o. LOOK-foto/Sabine Lubenow, S. 67 r. u. laif/
Christian O. Bruch, S. 68 r. o. DuMont Bildarchiv/K.-H. Raach, S. 70/71 Sabine
Lubenow, S. 81 laif/Bernd Jonkmanns, S. 85 o. vario images/Chromorange, S. 85
u. Sabine Lubenow, S. 94 Getty Images/f1online/Beate Zöllner, S. 97 Sabine
Lubenow, S. 100 o. l. DuMont Bildarchiv/Ralf Freyer, S. 101 o. iStockphoto/
elnavegante, S. 101 u. laif/Toma Babovic, S. 110 o. l. DuMont Bildarchiv/Toma
Babovic, S. 110 u. l. LOOK-foto/Sabine Lubenow, S. 110 o. r. Shutterstock/
balabolka, S. 110 u. r. DuMont Bildarchiv/Gerald Haenel, S. 111 l. u. mauritius
images/age, S. 111 r. o. LOOK-foto/Rainer Mirau, S. 111 r. u. laif/Michael Amme,
S. 114 o. Bildagentur Huber/Bernhart, S. 115 o. iStockphoto/wip-studiolublin, S.
115 u. Getty Images/Ken Wramton, S. 116 l. DuMont Bildarchiv/Ralf Freyer
Grafische Konzeption, Art Direktion, Layout: fpm factor product münchen
Cover Gestaltung: Neue Gestaltung, Berlin
Kartografie: © MAIRDUMONT GmbH & Co. KG, Ostfildern;
Kartografie Lawall (Karten für „Unsere Favoriten")
DuMont Bildarchiv: Marco-Polo-Straße 1, 73760 Ostfildern,
Tel. 0711 45 02-266, Fax 0711 45 02-1006, bildarchiv@mairdumont.com

Für die Richtigkeit der in diesem DuMont Bildatlas angegebenen Daten –
Adressen, Öffnungszeiten, Telefonnummern usw. – kann der Verlag keine
Garantie übernehmen. Nachdruck, auch auszugsweise, nur mit vorheriger
Genehmigung des Verlages. Erscheinungsweise: monatlich.

Anzeigenvermarktung: MAIRDUMONT MEDIA, Tel. 0711 450 20, Fax
0711 45 02-1012, media@mairdumont.com, http://media.mairdumont.com
Vertrieb Zeitschriftenhandel: PARTNER Medienservices GmbH, Postfach
810420, 70521 Stuttgart, Tel. 0711 72 52-212, Fax 0711 72 52-320
Vertrieb Abonnement: Leserservice DuMont Bildatlas,
Zenit Pressevertrieb GmbH, Postfach 810640, 70523 Stuttgart,
Tel. 0711 7252-265, Fax 0711 7252-333,
dumontreise@zenit-presse.de
Vertrieb Buchhandel und Einzelhefte: MAIRDUMONT
GmbH & Co KG, Marco-Polo-Straße 1, 73760 Ostfildern, Tel.
0711 45 02-0, Fax 0711 45 02-340
Druck und buchbinderische Verarbeitung:
NEEF + STUMME premium printing GmbH & Co. KG, Wittingen,
Printed in Germany

FSC
www.fsc.org
MIX
Papier aus ver-
antwortungsvollen
Quellen
FSC® C001857

Dresden
Sächsische Schweiz

Kaleidoskop der Künste
Es sind vor allem die Museen mit ihren Kunstschätzen, die begeistern, wir stellen die interessantesten vor.

Dolce Vita an der Elbe
Zum Einkaufen, Speisen und sich Amüsieren geht's in die Neustadt.

Wein mit Tradition
Mittlerweile kommen edle fruchtige Tropfen aus Sachsen.

Korsika

Strand und Berge
Wir präsentieren Ihnen die Traumstrände der Insel ebenso wie die schönsten Wanderwege.

Asterix auf Korsika ...
... persifliert das Leben der Bewohner – oder sind alles nur Klischees?

Echt korsisch
Wo Sie ausgefallene Produkte und originelle Geschäfte finden, wir verraten es.

www.dumontreise.de

Lieferbare Ausgaben

DEUTSCHLAND
119 Allgäu
092 Altmühltal
105 Bayerischer Wald
120 Berlin
162 Bodensee
121 Brandenburg
175 Chiemgau, Berchtesg. Land
013 Dresden, Sächs. Schweiz
152 Eifel, Aachen
157 Elbe und Weser, Bremen
125 Erzgebirge, Vogtland
168 Franken
020 Frankfurt, Rhein-Main
059 Fränkische Schweiz
112 Freiburg, Basel, Colmar
028 Hamburg
026 Hannover zw. Harz u. Heide
042 Harz
062 Hunsrück, Naheland, Rheinhessen
023 Leipzig, Halle, Magdeburg
131 Lüneburger Heide, Wendland
133 Mecklenburgische Seen
038 Mecklenburg-Vorpommern
033 Mosel
114 München
047 Münsterland
015 Nordseeküste Schleswig-Holstein
006 Oberbayern
161 Odenwald, Heidelberg
035 Osnabrücker Land, Emsland
002 Ostfriesland, Oldenb. Land
164 Ostseeküste Mecklenburg-Vorpommern
154 Ostseeküste Schleswig-Holstein
136 Pfalz
040 Rhein zw. Köln und Mainz
079 Rhön
116 Rügen, Usedom, Hiddensee
137 Ruhrgebiet
149 Saarland
080 Sachsen
081 Sachsen-Anhalt
117 Sauerland, Siegerland
159 Schwarzwald Norden
045 Schwarzwald Süden
018 Spreewald, Lausitz
008 Stuttgart, Schwäbische Alb
141 Sylt, Amrum, Föhr
142 Teutoburger Wald
170 Thüringen
037 Weserbergland
173 Wiesbaden, Rheingau

BENELUX
156 Amsterdam
011 Flandern, Brüssel
070 Niederlande

FRANKREICH
055 Bretagne
021 Côte d'Azur
032 Elsass
009 Frankreich Süden Languedoc-Roussillon
019 Korsika
071 Normandie
001 Paris
115 Provence

GROSSBRITANNIEN/IRLAND
063 Irland
130 London
138 Schottland
030 Südengland

ITALIEN/MALTA/KROATIEN
017 Gardasee, Trentino
110 Golf von Neapel, Kampanien
163 Istrien, Kvarner Bucht
128 Italien, Norden
005 Kroatische Adriaküste
167 Malta
155 Oberitalienische Seen

158 Piemont, Turin
014 Rom
165 Sardinien
003 Sizilien
140 Südtirol
039 Toskana
091 Venedig, Venetien

GRIECHENLAND/ ZYPERN/TÜRKEI
034 Istanbul
016 Kreta
176 Türkische Südküste, Antalya
148 Zypern

MITTEL- UND OSTEUROPA
104 Baltikum
122 Bulgarien
094 Danzig, Ostsee, Masuren
169 Krakau, Breslau, Polen Süden
044 Prag
085 St. Petersburg
145 Tschechien
146 Ungarn

ÖSTERREICH/SCHWEIZ
129 Kärnten
004 Salzburger Land
139 Schweiz
144 Tirol
147 Wien

SPANIEN/PORTUGAL
043 Algarve
093 Andalusien
150 Barcelona
108 Costa Brava
025 Gran Canaria, Fuerteventura, Lanzarote
172 Kanarische Inseln
124 Madeira
174 Mallorca
007 Spanien Norden, Jakobsweg
118 Teneriffa, La Palma, La Gomera, El Hierro

SKANDINAVIEN/NORDEUROPA
166 Dänemark
153 Hurtigruten
029 Island
099 Norwegen Norden
072 Norwegen Süden
151 Schweden Süden, Stockholm

LÄNDERÜBERGREIFENDE BÄNDE
123 Donau – Von der Quelle bis zur Mündung
112 Freiburg, Basel, Colmar

AUSSEREUROPÄISCHE ZIELE
010 Ägypten
053 Australien Osten, Sydney
109 Australien Süden, Westen
107 China
024 Dubai, Abu Dhabi, VAE
160 Florida
036 Indien
027 Israel
111 Kalifornien
031 Kanada Osten
064 Kanada Westen
171 Kuba
022 Namibia
068 Neuseeland
041 New York
048 Südafrika
012 Thailand
046 Vietnam